新人保育者物語

さくら

作　村上かつら
監修　百瀬ユカリ
日本女子体育大学教授

もくじ

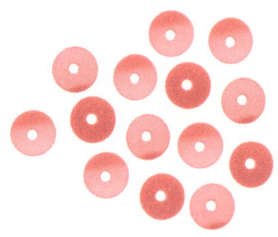

新人保育者物語『さくら』は、保育者の現場の声をもとに構成したフィクションです。
登場する園名、学校名、人物名、店名、書籍名等は実在のものではありません。

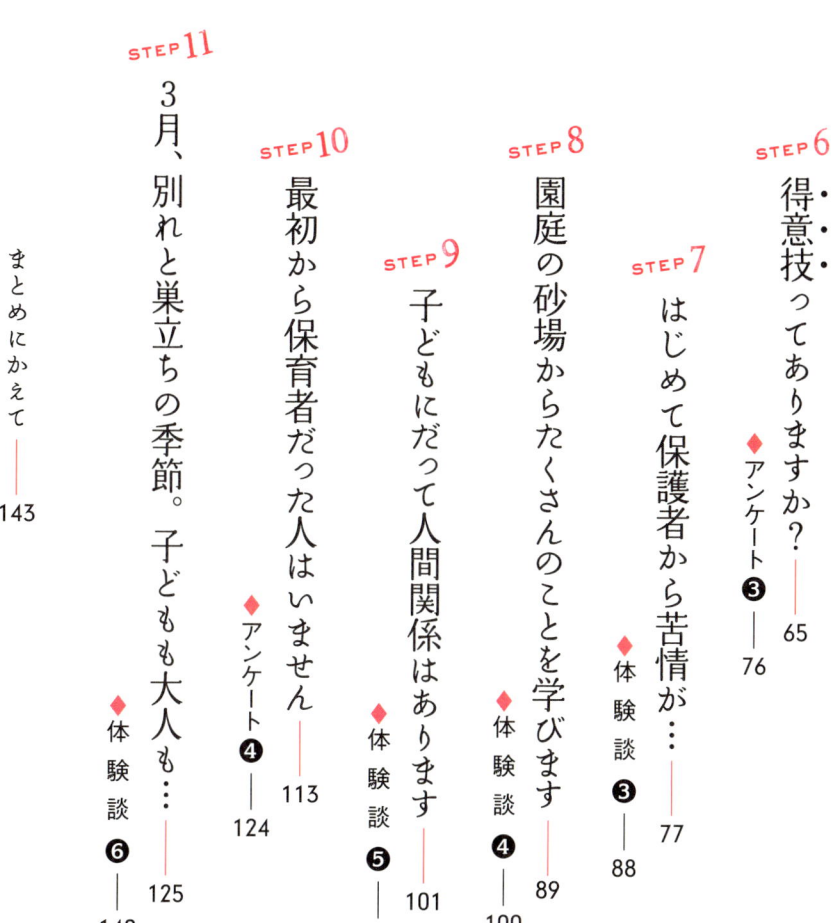

はじめに（この本の使い方）

保育者（保育士・幼稚園教諭）をめざしている学生のみなさん、これから勉強をはじめようと思っているみなさん、そして“さくら”のように保育者としての第一歩を踏み出したみなさんへ――。このコミックには、新人保育者である“さくら（保育士）”の１年間の成長が描かれています。そのストーリーは、保育者という仕事や保育現場のことを知る、よい手がかりになることと思います。

よりリアルな実情を感じとってもらおうと、コミックの合間には、新人保育者の声を拾ったアンケートの結果、および体験談を紹介しています（※就職５か月後の保育士・幼稚園教諭158名を対象に2008年に調査）。

さらにコミック１話ごとの終わりには「この回で伝えたかったこと」「実習後のふりかえりのヒント！」として要点をまとめました。保育者養成校では「保育所実習」「教育実習（幼稚園）」の事後指導で、実習のふりかえりを行います（保育士資格取得必修科目の『保育実践演習』、幼稚園教諭免許取得必修科目の『教職実践演習』でそれぞれ実施）。そのときに行うグループディスカッション、あるいは個人のふりかえりのヒントとしても活用してください。

コミックを読むとおわかりいただけると思いますが、保育者には養成校で学ぶ専門教養の他に、健やかであることはもちろん、人とかかわる力、自分を表現する力など、さまざまな資質や心得が必要です。

「保育者の仕事」をひと言でいい表すことは容易ではありません。とにかく奥が深いのです。「子どもが好き」というだけでは到底できる仕事ではありませんが、それだけに大きなやりがいもあります。そのことをあなたなりに、コミック『さくら』から感じとってください。

百瀬ユカリ

STEP 1

向いてないかも…

作・画　村上かつら

春、4月。
私立花見保育園。
さくら先生。
ドク
は
はいっ！
ドキドキ
「先生」って呼ばれちゃった…！
ここが今日から私たちと担当してもらう3歳児クラスよ。
さくらぐみ
・・・さくらぐみ…

はじめて受け持つ、
わたしのクラス…!
宮川さくら20歳。
この春、短大の児童学科を卒業しました。
理論はニガテ。
ひ—
ピアノは微妙。
習っておけばよかった…
作りモノは不器用……ですが、
わ
あはは
昨年の秋に行った保育実習で、
「子どもとふれあう」ことにだけは、
ちょっぴり自信がもてました。

私と葵《あおい》先生は持ち上がりだけど、
さくら先生ははじめましてだからまずは、自己紹介ね。
ぐっ
できる？
はいっ!!
子ども大好きですから！
……
はーい、みんな〜〜、
ドキ
ドキ
ガラ ガラ ガラ ガラ
おはよーございまーす！
えっ…
ギャイギャイ
ギャイ
ギャイ
ギャん
ギャん
びえ〜〜
あーっ
こちょこちょ
こちょ
ひゃっひゃっ
ひゃっひゃっ
イテテテテテ
イテーーー

あの～
はじめまして…
あ、
すわってねー…
ギャハハハハハハハ
わーっ
……誰も聞いてない。
まったく相手にされてない…!!
びえー
ギャイ　ギャイ
保育実習とは全然ちがう。
……あれは結局、見えないところで、
いっぱいフォローしてもらっていたんだ…
パン
パン
ほ～らみんなっ!
あ
朝のごあいさつの時間でしょ?
おひざをかかえて三角すわり!
ギュー
いちばんちっちゃくなれる子誰かなぁ～?

みてみてー!!
レイくんちっちゃい!
あたし、もっとちっちゃい。
ギュ~
すごい……いとも簡単に……!
はいっ、よくできました~♪
今日はね、新しい先生が来てくれたのよ!
ビク
!
そうだ、自己紹介……!
あ、
えっと、
どうしちゃったの私!?
私、
子どもが怖い…?
ガクガク
!
お名前はみやかわさくら先生。
みんな「さくら先生」って呼んでね!
はーい

from　サトシ
今ドコ？
先着いたから
駅前の
スタバいるわ。
人生で
一番かも
ってくらい、
ダメな1日
だったなぁ
……
パコ
自分の名前も
いえなかった…
はぁ
一事が万事
そんな調子で
……
う、……
あの、………
ちらっ…
？
わからないことが
あったら
なんでも
聞いてね？
…ていうか
なにが
「わからない」かが
わからないん
ですけど…
——なんて
いえない空気
だったし…
なんの役にも
立てなかった…
あれも
これも
全部、
サトシに
聞いて
もらおう。
そして、
ギュ～って
してもらおう。
フラ…
BUCKS

お待たせ、サトシ。
もー
ちょっと聞い…
聞いでぐでよ～！
同じく入社1日目
え
ゴゴゴゴゴゴゴ
そいつ自体考えが古くて
なんか先が知れてる
俺こんなことするために会社入ったわけじゃ…
あたし、子どもに嫌われてるかも…
先輩は冷たいし、
想像と全然ちがう
なにコレ？全然癒されないんですけど…
決壊した2つのダム!!
でも、まおまえは子ども相手でいいよなー。
はーー
こっちはオッサンのご機嫌取りにウンザリだぜ。
大人同士は言語が通じるだけマシでしょ！
子どものことよく知りもしないくせに…！
ムカ
……
…子どものことをよく知らなかったのはおまえだろ？

「保育士になったら毎日大好きな子どもたちに囲まれてサイコー！」って、
おまえ、子どもを純真で素直な天使かなにかと誤解してたんじゃねーの？
……
ガタ
…つ、
疲れたから今日はもう帰る！
さくらっ！
ちょ待…
……痛いトコ突かれちゃったな。
確かにそんなこといってたわ…
はー
ジャブ
ジャブ
あたしのことよく見てるなぁ…
今夜あやまろう…
すっ
…大丈夫。
あんた、マシな方よ。

あたしも この現場 24年見てきた けど、
はじめから うまくできた 子なんて
ひとりも
いないよ
でも…
「あたし この仕事 向いてません！」 つって、
泣きながら 帰っちまった子も いたんだから！
……
…その子、 そのまま やめちゃったん ですか？
――いや それが どういうわけか、
そのあとも 24年も 居座って 今じゃ古株さ。
えっ
それって… 小梅先生？
想像…… つかない…。
向いてません…
あ…
なんだよ！
昔は かれんでせんさい だったんだから！
あは
コラ、 なんで 笑うか！
はじめから うまくできる わけがない。
ぐー ちょき ぱーで
なにつくろうー
なにつくろうー

かたつ
元気に
元気に。
かたつ♪
むりー
じー
ねー
いまの
もっぺん
やって?
…えっ?
うん!
一緒に
やろうね。
今は
ひとりでも
じゅうぶん。
だけど
いつか…
このクラスの
子どもたち
全員と
仲良くなるぞ!!
こうして、
あたしは
♪カーニーさん
カーニーさん
保育者
としての
第一歩を
踏み出した
のでした。

STEP 1

向いてないかも…

保育者の第一歩めは失敗の連続。先輩保育者の助言をもらいつつ、経験を積み重ねて成長を！

この回で伝えたかったこと――

はじめて子どもたちの前に立つ瞬間は、だれもが緊張感でいっぱいになります。実習を経験したみなさんは、その気持ちがよくわかるのではないでしょうか。ましてや、学生という身分を終え、「保育者」という立場になって子どもたちの前に立つとなればなおさらのこと。保育者として働く自分への期待が大きい分、不安もいっぱい。実習のときとはまた違った緊張感を覚えるはずです。

保育者としての第一歩は、不安と緊張の瞬間からスタートします。当然、失敗することもあるでしょう。ですが、はじめからなんでもうまくできる人はひとりもいません。経験を積み重ねながら、見通しをもって動けるようになるのです。

もしもみなさんが保育者になって、なにか失敗をしてしまったとしても「向いていないのでは?」などと落ち込む必要はありません。みんなはじめは初心者なのだから当然のこと。心配なことやうまくいかないことがあれば、先輩保育者にどんどん相談をしてみてください。先輩保育者も、そうやって経験を積み重ねてきたのですから。

実習後のふりかえりのヒント!

- 実習のとき、どのような自己紹介をしましたか？　また、子どもたちの反応はどうでしたか？　反省点とともにふりかえってみましょう。
- 保育者になって子どもの前にはじめて立つときの、自己紹介のイメージをまとめてみましょう。

STEP 2

完璧じゃなきゃいけないの？

食事の世話に
お掃除
お洗濯…
一日の
大半が
家事労働なんて
……
さらに
追い討ちを
かけるのが…
さくら先生。
ハイ?
カチ
カチ
ちょっと
スカート丈
短いんじゃない?
あ、
ハイ。
でもコレ
通勤の時
だけなんで…
通勤なら
どんな格好
でもいいの?
園の外で
保護者の方に
バッタリ会う
可能性はない
と思うわけ?
……
う…
ぴく
それから
髪の毛!
そんなに長くて
うっとうしく
ならない?
更衣室とはいえ
園内で携帯を
いじっているのは
どうかと思うわぁ〜。
くど
くど
くど
ハア…

え～～
保育園の先生ってもっと自由なのかと思ってた～！
子供相手だし…
妹
ねぇ
OLやってる子たちの方がだんぜん自由なんじゃない？
あたしもマニキュアぬりてー
さくらお風呂は？
メイク落とせよー
ヨロ。。。
……無理。
くたくたなの
身も心も!!!
ごろーん
10:30
サトシにおやすみいってないや…
う～～ん
……無理。
むにゃむにゃ
ブーブー
着信
サトシ
ブー
そのころ…

なッ!!
ヒック
ですよねー
勤務時間外の不毛な時間に耐え抜くこと4時間!!
やっと解放されたのに……さくらのヤツ、
ヒック
ビーッ
ビーッ
くか
なんで出ねーんだよっ!!
留守電録音中
翌朝、
更衣室
わっ。
気づかなかった…
サトシから着信5件。
そして、留守電。
なんで出ねーんだよっ!!
再生中
いちおー謝っとくか……!
ねー
ささっと打っちゃお
おはよ――っ!
!!
あっ
おはよーございまーす
桃江先生…また注意されちゃう!
ズボ
ピ…

もうすぐ こどもの日 なので、
今日は こいのぼりを つくりま…
ビクッ
!!
…どうしたの？
腹痛？
ブーン
ブーン
い、いえっ!!
すぐおさまります…
ケータイ持ってきちゃってるよ……
まずは画用紙に こいのぼりを かいてみよう！
みんな じょうず じょうず
ず
!!
ビクッ
ちょっと …… トイレに…
腹痛じゃん？
ブーン
バタン
はー
サトシ…
from サトシ
久しぶりに 早く帰れるかも。 今夜、会える？
えっ、うそ 会えるの？

…それにしても、
ここにいると
ほっとする。
……こんな
場所でしか…
自分になれないなんて…
会いたい
会
い
た
カチ
カチ
さくらせんせ
せんせ
どこに
行ってたのー。
みてっ!!
はーい
バタ
バタ
あっ。
サトシに
返信…
できて
ないや。

たった1行。
1行でいいのに…
さくら先生!?
!!!
コラコラはさみをふり回さない
――幸い、
子どもたちにケガはなかったけど…
あんたは他のことに気をとられて、
すぐ目の前で起こっていることを見ていなかったね。
反省…してます。――でも、
ロボットじゃないんだから、
一瞬、他のことに気を取られることだってあります。

私たちはそこまで完璧じゃなきゃいけないいんですか!?
服装や髪型…携帯の所持も、
ここまで細かく管理されなきゃいけないいんですか?
私は…園《ここ》に来てからずっと…
窒息しそうです……!
すっ
服装や携帯電話の所持なんて、
正直、あたしはどっちでもいいと思ってる。——でもね。
今、小梅先生が怒っているのはそのことじゃないでしょ?
自分の感情に支配されて子どもが見えなくなるのがダメなのよ。
〝優先順位〟を考えて!
あたしたちはまず〝子どもありき〟よ。

あ、結局、サトシに1通も返信してないや…
わすれてた…
オ、
オイ！
うそっサトシ!!
なんであたしの最寄り駅に!?
おまえがメール全部シカトしてっから、
昨日の暴言に怒ってんのかなー…って…気になって…
ガバッ
サトシ今日は仕事のグチいわないんだね。
えー
今度観に行こーぜ
なんか久しぶりに…前みたいに楽しい。
…そっか。
お互い仕事の感情を引きずったまま会ったり、電話したりするから険悪になってたんだ。
ムスー
仕事でなにかあったらしい
……
ダルー
あー腰いたい…
肩いたい…
ゲホ
逆も然《しか》り。
禁欲
がまん
プライベートを引きずったまま仕事してたから息苦しさを感じたんだ。

ブツブツ
…… ……
ん
ぐっ
ピッ
どうしたの?ケータイなんか握り締めて。
念でも送ったぁ.
あっ、イヤ、その電源をオフに…
園内では電源切っとけなんて決まりはないんだよ?
隠れて持ってる人もいるよ?
はい、でもあたしはまだ仕事とプライベートじょうずに切り替えられないから…
自分で心のスイッチを切り替えられるようになるまで電源を切ります。
…結局自分で線引きしなきゃ振り回されるだけですもんね。
あの子もそのことに気がついたみたいだね。
携帯電源OFFは先生スイッチONの合図…
自分への合図…!

STEP 2

完璧じゃなきゃ
いけないの？

上手に公私を切り替えながら、最初の壁を乗り越えましょう。子どもたちがあなたの味方です

この回で伝えたかったこと――

あこがれの「せんせい」（保育士、幼稚園教諭）となって間もなくは、子どものころにはイメージできなかった仕事内容に、心身共に疲れてしまうかもしれません。いわゆる“理想と現実のギャップ”に直面することになるでしょう。けれども、それはどんな職場でも多かれ少なかれ起こることなのです。

もしも、そんな壁にぶつかってしまったら…。自分ひとりで抱え込まず、同期の保育者と語り合ったり、家族や友だちに話を聞いてもらいましょう。話すことで心が軽くなりますし、よいアイデアが浮かぶこともあるはずです。あるいは、趣味に時間を費やすのもいいでしょう。そういうときだからこそ、公私をきっちり分け、上手に気持ちを切り替えることが大切。

やがて、受け持ちのクラスの子どもたちと仲良くなってくると、その“ギャップ”が少しずつ埋まっていくと思います。子どもたちとコミュニケーションがとれるようになると、保育時間がスーッと楽になっていくものなのです。担当が年長さん、年中さんなら、なおのこと。園生活では先輩の子どもたちが、困っている新人保育者のあなたを助けてくれるでしょう。

実習後のふりかえりのヒント!

- 保育者としての身だしなみ、服装、言動、生活全般について、あなた自身（または周囲）はどうでしたか？　話し合ってみましょう。
- STEP 2 のさくらに共感するシーンはどこですか？　また、さくらの行動から気づいた点を挙げてみましょう。

新人保育者の本音 ＜アンケート❶＞

職場では子どもよりも“大人”とのつきあいが難しい!?

Q 保育者になってからの5か月間で、つらかったと思うことは何ですか？（複数回答可）

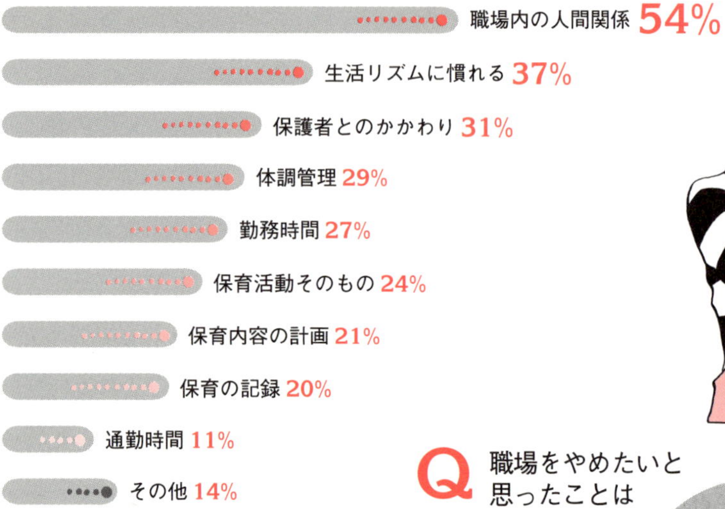

職場内の人間関係 54%
生活リズムに慣れる 37%
保護者とのかかわり 31%
体調管理 29%
勤務時間 27%
保育活動そのもの 24%
保育内容の計画 21%
保育の記録 20%
通勤時間 11%
その他 14%

Q 職場をやめたいと思ったことはありますか？

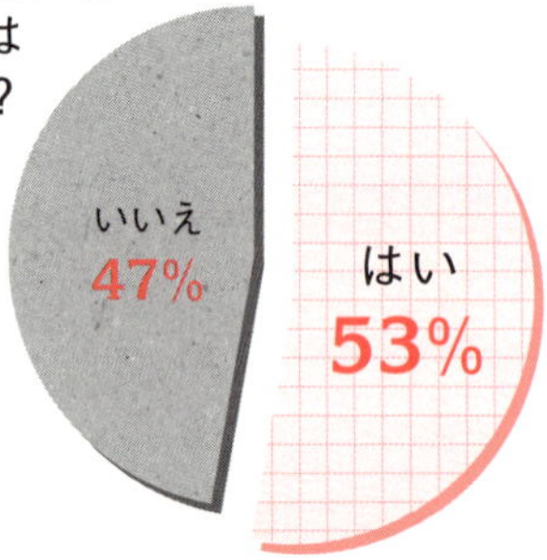

いいえ
47%
はい
53%

Q 職場での悩みはだれに相談していますか？（複数回答可）

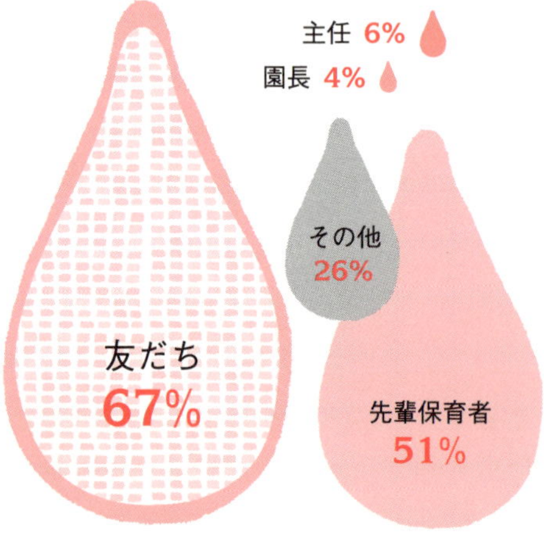

主任 6%
園長 4%
その他
26%
友だち
67%
先輩保育者
51%

「つらかったと思うこと」のトップは「職場内の人間関係」。おもに先輩保育者とのかかわりに悩む声が多く、それが原因で「職場をやめたい」と考える人も。次に多かったのが「生活リズムに慣れる」ことで、夜型になりがちな学生生活から、朝型が基本の保育者生活に移行するのは容易ではないようです。ちなみに、そういった悩みを相談する相手は「友だち」が約7割でトップに。仕事を離れたところでホンネを打ち明けられる友だちの存在は大きい!?

STEP 3 自分らしい保育って…

桃江先生って、自分の保育のやり方だけが正しいって信じきってんのよねー。
あたしが1ミリでもそこからはみ出そうもんなら…
うちの園では
ソレ ありえないから。
桃江先生かぁ…
あたしもニガテなんだよね……
さくら先生んとこはいいよねー。
小梅先生も葵先生も、
のびのび好きにやらせてくれるでしょ?
ハア…まあ、確かに。
うるさくいわれたことはないですけど…
わからないことがあったら
聞いてね?
逆にちょっと放任主義で冷たいというか…
ねッ、
合コンしよ、合コン!
ヤなこと忘れて♥

いやー、私
彼氏いるんで……
ていうか、仕事でいっぱいいっぱい…
なにいってんのよー!!!
保育士チームでそろえると短大ん時より全然モテるんだから!
楽しいよー?
さっそくだけど今週末3×3で1件入ってんの。
ね、葵先生声かけてよ!!
えっ…
ムリです あの人
美人連れてきてっていわれてるのお願い!!
と、いうわけで…
あやめ先生の押しの強さに負けて、
超・拝み倒してどうにか来てもらったものの…
トムヤンクンとバッファローウィング
四川風激辛麻婆……
ねーねー。
“保育士さん”て響き、いいよね~
癒《いや》し系代表?
俺も甘えて~♥
なんて
ピク

だん!!
その寝ボケた台詞!
あたしたち保育者が何回聞かされたと思ってんだ!
こっちは一日中子どもたちの世話して、
なんでプライベートな時間まで、
でかい赤ん坊に甘えられなきゃならないんだよ!!
あやめ!! さくら!!
がしっ
ごめんまたね〜
……
二次会は女だけで飲みなおすよ!
…相当酔っていたのね…
葵先生…
くかー
ゴー
ら豚串 500.
ホントはあたしだってわかってる。
合コンなんて…あんなモテ方したってむなしいだけだって。

これでも園に入ったころは、
自分なりに工夫して、勉強して子どもたちを喜ばせたい一心で頑張ってたの。
でも…
ダメダメ
違う
そうじゃないでしょ
じ〜っ
?
桃江先生はあたしのやることなすこと全部…
「常識知らずの今時の若いコの発想」っていう色眼鏡でしか見てくれなくて、
あたし、もう自分で考えるのに疲れちゃって…
あの人の手足………下僕として生きることにしたの。
だって……どんなに頑張ったって…
がばっ
"うちの園ではソレありえないから!!!"
ビク
っていわれりゃヤル気も失《う》せるわな。

8年前 あたしが初めて組んだ ベテランは 桃江先生なんだ。
新人だったあたしは その押し付けの異常さに あやうく 潰されそうになった。
保育に 正解なんて ないんだから、
あんたたちは 「自分の保育」 作っていけばいいの。
その上で わかんないことが あったら、
聞いて?
ニッ
葵先生!
ついて いきますっ!!
……
他人に 無関心な 冷たい人だと 思っていた …
…あたし、
なんにも 見えて なかった。
へ~ いい話じゃん!

うん、でもさ「自分の保育」っていわれたら、
とたんにどうしていいかわからなくなっちゃった。
あたし……自分なんてないもん。
んー…。
俺もさくらもさ
新入りだから“自分流”で戦うには圧倒的に持ち技が少ないわけ。
…斬られよ
無理っス
丸腰!!!
は? 技《ワザ》!?
そ、技。
俺はこのやり方で最近、やっと会社で怒られなくなった!
ビジネスマン武士道
師匠!!
今はひたすら修行の時期だって割り切って、
先輩たちの動きを読んで技を盗むんだよ。
まずは先輩の保育を観察するんだ!
せんせーさようなら!
はい、さようならー。

そこには必ず
その人なりの
「技」がある。
「技」は
その人の「考え方」に
裏打ちされている。
あたし、おえかきするーー!
するする
リョウくんもー!!
葵先生が何かに反応した…
何!?
リョウくん、お絵描きもいいけど、
こっちで先生と「いないいないバア」遊びしよっか?
ん? いいよ。
リョウくんだけ別の遊びに誘導した…!?
そうか 玄関口!!
リョウくんのママが来てるんだ!!
いないいない、
ママー?
ハイハイ あたしはキツネくんのおかあさんよ。
くるっ
コンコン
いないいない、
ママー?
なぁに? あたしはウサギくんのおかあさんよ。

いない
いない、
ママー!!
くるっ
リョウ…
はい!
リョウくんの
ママよ。
うまい!!
あおい
せんせー!
まだねー
ママを
待っていること
そのものを
遊びにして、
子どもの
引き渡しを
スムーズに…!
保育に
正解はない
……
だけど、
リョウくんの
この笑顔が
答えだ。
…葵先生。
葵先生は
どうしてあんな
遊びを思いつい
たんですか?
葵先生は
保護者の方の顔を
全員、覚えて
いるんですか?
葵先生は
……
今なら、

聞きたいことがたくさんある……！
……
…子どもって自分の遊びを中断されるとダダこねるからね。
んとねー
それからねー、
引き渡しのときはとくに。
仕事から疲れて帰ってくるおかあさんをわずらわせたくないじゃない。
……そういうこと。
あれっ!? もしかして……照れ屋？
——でも、
そんなふうに自分の頭で考えながら子どもの反応も見ながら観察できるなら、
桃江先生からも学ぶことはたくさんあるかもね。
は、
はいっ！

STEP 3

自分らしい
保育って…

「自分らしい保育」は現場経験を経て確かなものに。あせらずに「技」を磨いて！

この回で伝えたかったこと──

保育者になるために学んでいるみなさん、あるいは、保育者になるための勉強をはじめようとしている人は、もしかしたらすでに「理想の保育」というものを描いているかもしれません。しかし、新人のころから「自分の保育」「自分らしい保育」を実践するのは、不可能に近いといっていいでしょう。サトシがいうように、“自分流”で戦うには、まだまだ“持ち技”が足りないというわけです。

コミック中に、「『技』はその人の『考え方』に裏打ちされている」とありますが、この「考え方」は現場経験を重ねるうちに確立していくもの。保育には一人ひとりの子どもに対する「願い（援助の方向性）」があり、それがクラスとしての「目標」につながります。さらに保育者としての保育観がその言動（子どもへの援助の仕方）に表れていくものなのです。ですから、保育者としての第一歩を踏み出したら、どうぞ先輩保育者の保育をよく見て学んでください。学生時代に学んで築いたあなたなりの保育観をベースに、経験を積みながら「自分らしい保育」に磨きをかけていきましょう。

実習後のふりかえりのヒント！

- 実習を通し、これから保育者になるにあたって「やっておいた方がいい」と感じたこと（今後の課題）は何でしたか。
- STEP 3 に登場する葵先生の保育（子どもとのかかわり）をどのように思いましたか？　話し合ってみましょう。

新人保育者の本音 ＜アンケート❷＞

想像と現実で感じたズレは“休みがない!!”こと!?

Q 就職前に想像していたことと、実際の現場とで感じたズレは何ですか？（複数回答可）

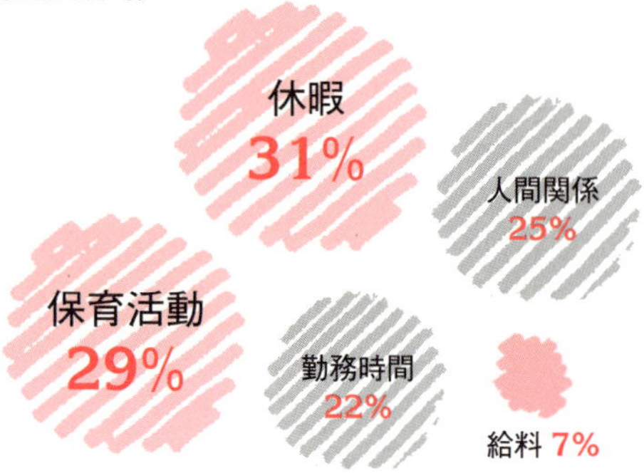

休暇
31%
人間関係
25%
保育活動
29%
勤務時間
22%
給料 7%

Q 家に持ち帰ってやる仕事はどんなこと？
※持ち帰り仕事があると答えた人（71%）の仕事内容の記述から抜粋

保育日誌

保育園勤務の声から

- 壁面などの制作・下準備
- 成長記録の記入
- おたより作成
- 月案、週案
- アルバムのコメント記入　など

幼稚園勤務の声から

- 壁面などの制作・下準備
- 連絡ノートのコメント記入
- 園（クラス）だより
- 保育日誌（保育記録）
- 雑費集金の計算　など

想像と現実のズレでもっとも多かったのが「休暇」。持ち帰り仕事や残業の多さは想像以上!?　これには「休日保育」や「預かり保育」など、昨今の保育サービスの拡大による保育者の負担増加もおおいに関係していそうです。持ち帰り仕事が「ある」と答えたのは71%で、もっとも多かったのが保育園・幼稚園ともに「壁面制作」という結果（上データ参照）に。

STEP 4 子どもに寄り添うってなんだろう

梅雨が明け
夏を
むかえるころ、
さくら組にも
なんとなく
まとまりが
出てきた
…気がします。
そろそろ
お砂遊び
おしまいに
しますよー。
すなだんご
みてっ!!
キャッ
キャッ
あっ
さくら
せんせー
まってー。
できた
できたっ!
トンネル
かんせ〜い!
ぽん
ぽん
…一方で、
わっ!
ぎゃーははは
ははは
どけ
どけ〜!!
トンネル
がぁ〜…
ドカッ
お城
が〜!!
キャー
やめて〜
ドカッ
う〜…

問題アリかも…？と思える子が目立つようになりました。
あしたもっと大きな山つくろうね!!
…ひっく
びぇ
壊すの大好き壊し屋ゴウくん。
ぎゃーはっはっはっ
ね、
ゴウくんもみんなと一緒にお部屋にもどろ？
トントン
ドカッドカッ
さわんな!!
ビクッ
おまえ
キライ

……失恋でもした？
いえ……
ずううん…
子どもの「キライ」がこんなに効くとは…
うう…
宮川さくら、保育士になって3か月と少し…
はじめて子どもにキライって言われちゃったよ！
次はさくら組さん。
ハイ…
全体ミーティングで報告しとかなきゃ…
PEACH
私が担当している荒岩轟《あらいわごう》くんなんですが…
ああ、ゴウくん？
ちょっと問題行動が多いというか…
えーん
他の子が砂場でつくったトンネルやお城、
チームワークや場の空気まで、
とにかくなんでもかんでもぶち壊してしまうんです。

さくら先生は何か声をかけてあげたの？
花見保育園　園長
山川《やまかわ》　菊次《きくじ》
…ハイ でも、
思いっきり「キライ」ってつっぱねられました。
あららら……
やっぱりね
…ゴウくんは、本当はどう思っているんだろうねえ？
〝問題児〟と決めてしまう前に、
ゴウくんの気持ちになってもう少し寄り添ってみてごらん。
園長先生…
自分だけを見てほしいときに子どもはわざと「キライ」っていうときがあるんだよ。
小梅先生…
やってみます…！
ぐっ
よっしゃ!!

ゴウくんの気持ち…
は！！
お庭遊びそろそろおしまいだよ～。
押さない、押さない。
前のお友達が終わってからね。
ガシャ
ガシャ
ゴーウくん♪
いっぱいつかまえたね～。
でも、そろそろダンゴムシさんおうちに帰してあげようか？
どっさり…
…………
無視かい…
ダメダメさくら、
ただ、しゃがんで目の高さを合わせただけでわかった気になっちゃダメ。
ゴウくんの目で見て、
ゴウくんの心で考える…

ジャブ
ジャブ
キャッ
キャッ
さくら先生も踏ん張りどころだね。
………
ゴウくんの気持ち
ゴウくんの気持ち
……
…そうだ、
あたしにも、
こんな時があった……!
あのころ、
ドクン
ドクン
3歳のさくらの頭の中は、
いひー
いま
ダンゴムシ遊びがしたい!!

先生を困らせたい
わけじゃない。
友達がキライな
わけじゃない。
いま、
ダンゴムシ遊びが
したい!!
ゴウくんは
その気持ちが
強すぎて、
うまくコントロール
できないだけなんだ…
子どもなら
誰だって
そうだよね。
ごめんね…
子どもは園の
タイムスケジュールに
合わせて生きてる
わけじゃないもん…
?
このまま好きなだけ
ダンゴムシと
遊ばせて
あげたい…!
でも…
ゴウくんに
かかりっきりに
なれないし…
さくら先生。

ゴウくんは私が見ていよう。
園長先生!!
……!! た、助かります!!!
石の下みてごらん
いっぱいいるー
ガラッ
ただいま～っ!!
ゴウくん!!
ゴウくんもかく!!
ん? おえかき?
ガシ
ガシ

ゴウくんのダンゴムシ強そうねー。
わー、つよそー。
ザッザッ
ガシッ ガシッ
ありがとうございました。
ゴウくんが自分から輪に入って来るなんて…
シュッ シュッ
もともと人一倍、
何かに夢中になれる力をもっていた子なのかもしれないね。
エネルギーをもてあまさないようにみんなで気をつけてあげなきゃね…!
スゲー
はいっ!
さくらせんせーー!
きょうとーってもたのしかった!
またあしたもくるね!!

ばいばーい
よかったじゃない。
…園長先生のおかげです……
でも、どうしてあのタイミングで助けに入ってくれたんだろう…
園長先生はね、
ゴウくんと本気で向き合っているさくら先生をずっと見守っていたのさ。
出た！園長ファン！
あたしのこともず〜っと見守ってくれてるのさ。
…ただ…見守り続けて二十余年ですね。
進展ナシ…と
若いころは園長をめぐって桃江先生と恋の火花を…
……さくら先生が生まれる前の話よ。
えっ
何の話ですかっ!?
花見保育園の一員としての実感を感じるころ、
あんたたちホレたらダメだからね
ハイ
ハイ
本格的に夏がはじまろうとしていました。

STEP 4

子どもに寄り添うってなんだろう

子どもの「困った行動」は成長の節目なのかもしれません。まずはその目線で考えてみて

この回で伝えたかったこと――

子どもの目線で考えてみる、子どもの気持ちに寄り添ってみる。保育者をめざすみなさんなら、「わかりきったこと」「何をいまさら」と思うかもしれません。しかし、とくに保育者になりたてのころは、日々の保育をこなすことに精いっぱいで、その当たり前のことが、案外できていなかったりするものです。

コミックの中でさくらは、「気になる子ども」「問題ありと思える子ども」（ゴウくん）の気持ちに寄り添うことで、解決のヒントを見つけました。子どもの言動というのは、年齢や発達段階、興味・関心、家族構成など、さまざまな要素に影響されます。ゴウくんのように、大人から見れば、一見困った行動をしていても、その子どもにとっては成長の節目であり、当然の行動であるということもしばしばあるのです。

もしも、保育現場でそんな子どもの対応を迫られたら、焦らずにその子どもの気持ちに寄り添って考えてみましょう。さくらのように、園長先生をはじめ、他の先生の協力を得ることで解決できるケースもあります。ひとりで何とかしようとせず、保育者同士の情報交換も忘れずに。

実習後のふりかえりのヒント！

- 子どもの目線になって気づいたことの経験を話し合いましょう。また、子どもの気持ちに寄り添うことの大切さを話し合ってみましょう。
- 実習中に「気になる子ども」「問題ある子ども」はいましたか？　またその子どもへの対応はどうしましたか？　ふりかえって考えてみましょう。

新人保育者の本音 ＜体験談❶＞

つらかった！ 困った！
先輩保育者との人間関係って難しい!!

女性しかいない職場なので、乳児クラスVS幼児クラスといったような悪口の言い合いがイヤになります。お局さまみたいな皮肉ばかりいう先輩がイヤでじんましんが出たことも。いわれた内容は本当に些細《ささい》なことなのですが、聞き流すことができず、自分がイヤになってしまいます。

先輩から「子どもになめられているよ」といわれますが、実際にどのようにすればいいのかの具体的なアドバイスがもらえません。日々、怒られたり、冷たい態度をとられます。先輩はその日の気分によって、私に対する態度もまったく違ってきます。新人のミスをネタに本人のいないところでグチグチ話しているようです。傷つくことばかりいわれ、保育者の仕事すべてが自分には向いていないのだと思ってしまいます。

アドバイス

人間関係の難しさはどこの職場も同じ。同じ悩みを持つ仲間と励ましあって！

先輩とうまくいかない――。これは保育の現場以外のどんな職場でもよくあること。もしそうなってしまったら、園の同期や学生時代の友人などに悩みを打ち明けてみましょう。話してみると、案外みんな同じことで悩んでいたりするもの。おたがいに励ましあっているうちに、勇気がわいてくるはずです。

また、意地悪な言い方をされたとしても、先輩から厳しい評価を受けた場合は、ありがたく受け止めて次に活かす努力を。「こんなことを聞いたら恥ずかしいかも」「ますます怒られるかも」などと思わず、わからないこと、できないことは素直にアドバイスを求めることです。その先輩に聞くのが難しければ、もうひとつ上の先輩保育者（主任など）に相談をしてみるといいでしょう。

そのままにしておくと、わからないことがどんどん増えて、先輩との関係がますます悪くなる可能性もあります。みんながあきれるような失敗をしても許されるのが「新人保育者」の特権。くよくよせずにがんばって！

STEP 5

保育者の夏休みですが…

ヤダワ～
もう、そんな
季節～？
桃江先生…
シュッ
シュッ
シュッ
出た、
桃印！
あのマークより先に
シフト表を汚した者で
無事に保育者生活を
まっとうできた者はいない…
気づけば
お盆と土曜日の
休みは、
ベテラン勢から順に
埋められていき…
ごめんね～
盆は息子たちが
帰ってくるん
だよ。
いいんです！
…あたしも
14日は
出るからさ。
あたしは
15日の午前中は
出るから！
ね♥
さくらの8月
土曜・盆
休みナシ

なんだよ、それ。
夏の間中土曜が全滅でお盆も休みなしなんて、
そんな仕事聞いたことないんだけど!
……あたしに怒んないでよ。
あたしだって休みたいっつーの
だってよー。
ふたりで遠出できんの夏休みだけじゃん!
JR付プラン 軽井沢 温泉
フリープラン 北海道
遊びたいと思って悪いかよ!?
宿泊・列車プラン 箱根 湯河原 湘南
俺は、この先ずーっと一生、
おまえの巻き添えくって夏休みなしってわけ?
「巻き添え」ってナニよ!?
遊びたいならひとりで遊べば!?
ムカッ
ガタ
ぐしゃ
じゃーそうさせてもらいますよ!

そして お盆…
15にち
じゃ、あと、よろしくね♡
あたし、両親と お墓参り 行かなくちゃ なの～！
ごめんね～
ヒラ ヒラ
墓？
地元の 合コンかな ……？
ポツ
ん？
ゴロ ゴロ
ザ――――
たった 3人の 子どもたち…
とりあえず 寝かしつけ たけど…
ザ――
よりによって こんな日に 大雨かぁ ……
滅入るなぁ…

ピカッ
ドドド
ガド
ゴロゴロ
ゴロゴロ
ゴロ
ビク
ひゃっ
うっ…
ままぁ…
もぞ
こわいよ～
……
かわいそうなのは
あたしじゃなくて、
子どもたちの
ほうかも
しれない…

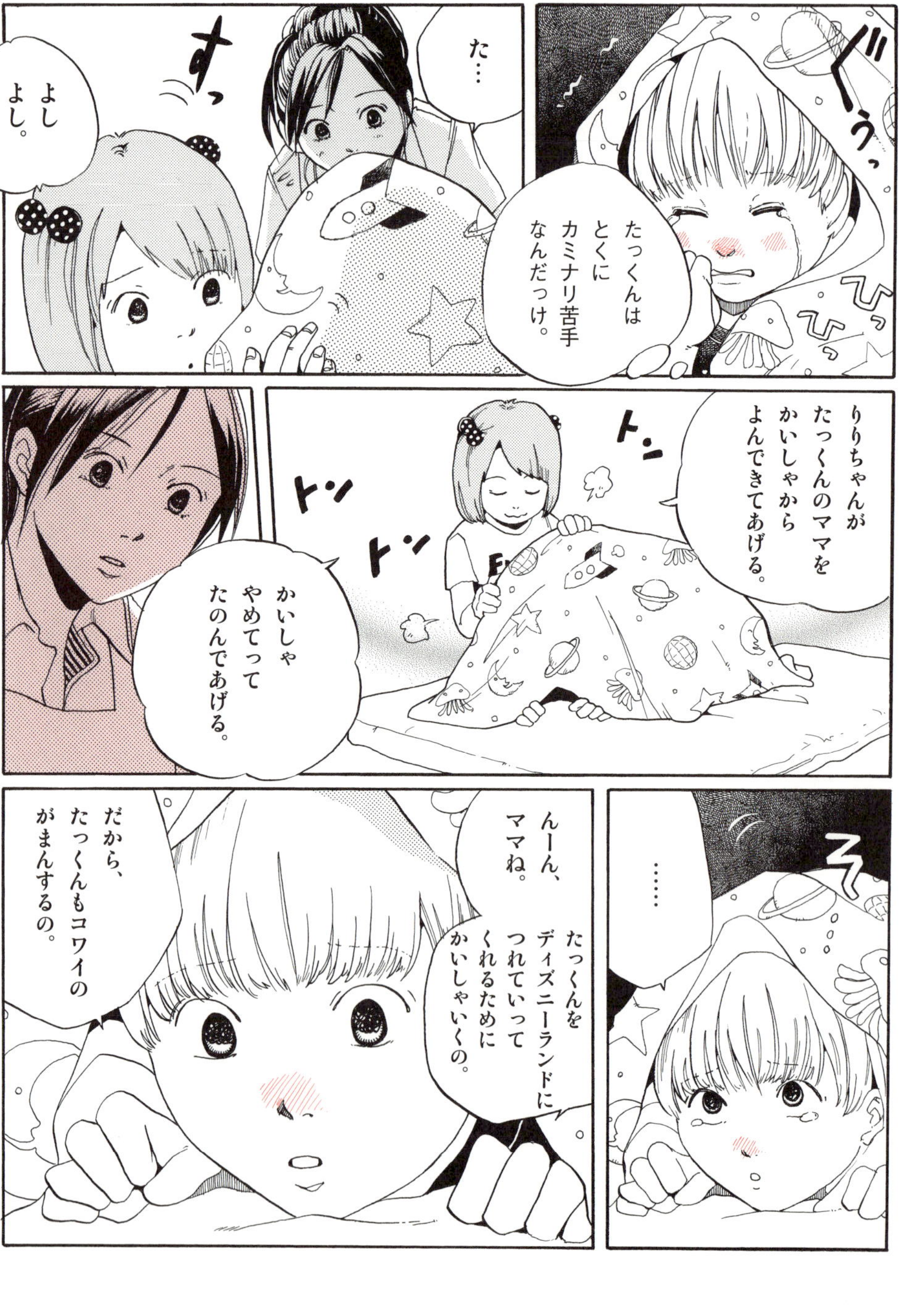
ぐうっ
ひっ
ひっ
たっくんはとくにカミナリ苦手なんだっけ。
た…
すっ
よしよし。
りりちゃんがたっくんのママをかいしゃからよんできてあげる。
トン
トン
トン
かいしゃやめてってたのんであげる。
……
んーん、ママね。
たっくんをディズニーランドにつれていってくれるためにかいしゃいくの。
だから、たっくんもコワイのがまんするの。

たっくん いい子です ねー。
なで なで
えらい ですねー。
かわいい なぁ…
ひゃは
まるで 小さな お母さんだ。
たぶん家で お母さんが してくれてることを
他の子に してあげて いるんだわ。
ーーきっと、
ひゃは
こんなにかわいい 子どもたちを あずけて
お盆に働いている お母さんも つらいだろうな。
…よし！
みんな 眠れない みたいだから、
早めに お昼寝 おしまいに しよっか！
今日はちょっと 特別なことを しまーす！

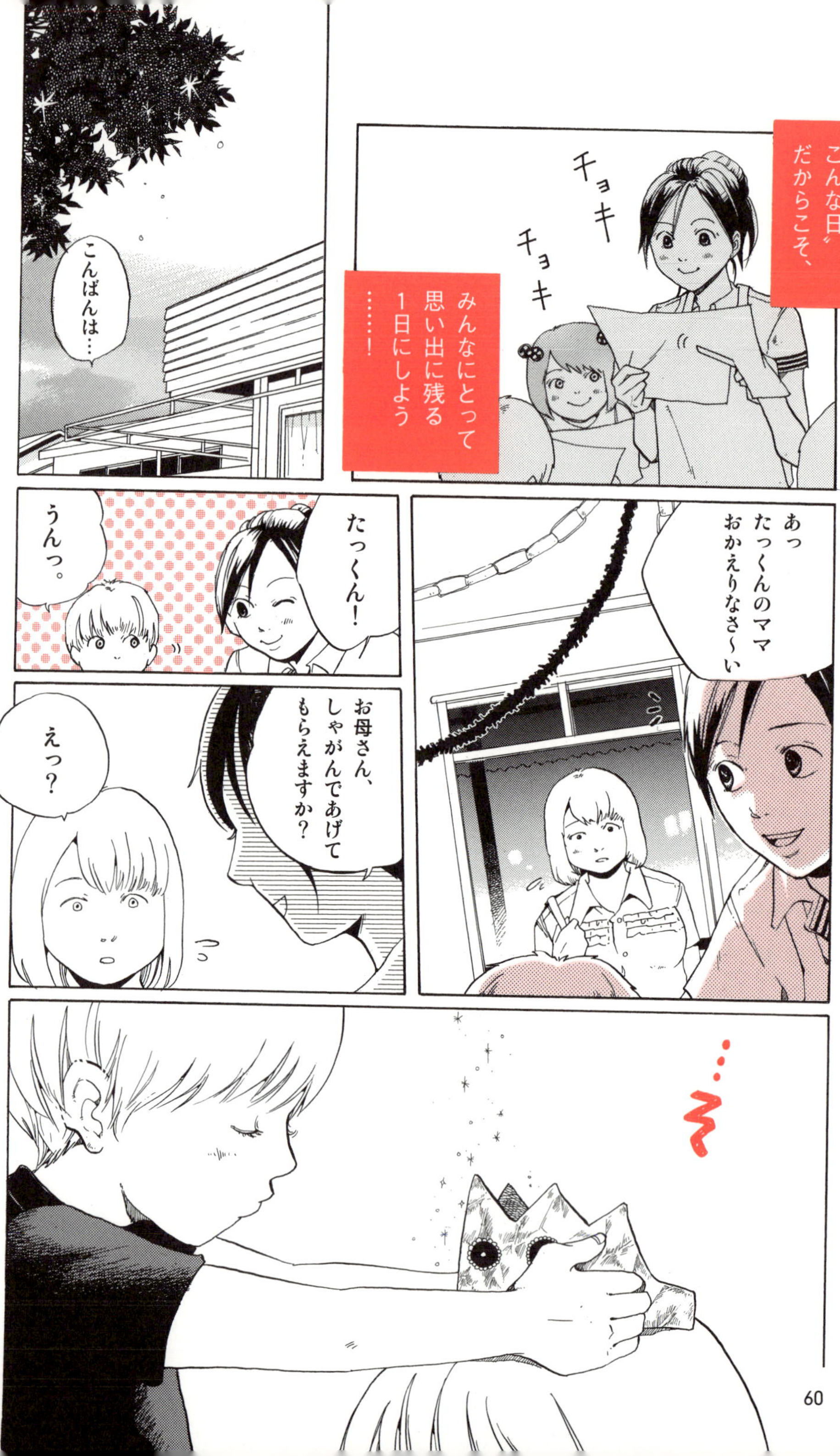

〝よりによって
こんな日〟
だからこそ、
チョキ
チョキ
みんなにとって
思い出に残る
1日にしよう
……!
こんばんは…
あっ
たっくんのママ
おかえりなさ～い
たっくん!
うんっ。
お母さん、
しゃがんであげて
もらえますか?
えっ?
…

これは…
厚紙とアルミホイルで作った王冠です。
お盆も休まず頑張ってるお母さんに、
たっくんから感謝の気持ちです。
……お盆なのに休めなくてダメなママでごめんねって思ってたのに…
う…
たっくんのママいい子ですねー。
えらいですねー。
サトシ！
一泊旅行はあきらめたけれど、
せめて仕事のあとにお盆祭りに行く約束をした。

サトシ…なにげに満喫してない？
誰かさんにいわれたとおり今日は好きなだけひとりで遊んでたんだよ。
わるいかっ
あたしだってほんとは、
休み合わせられなくて悪いと思ってたんだよ！
でも、サトシがあんなふうにいうからつい売り言葉に買い言葉で…
…俺なんていったっけ？
俺はこの先ずーっと一生おまえの巻き添えくって夏休みナシってわけ？
〝この先〟
〝ずーっと〟
〝一生〟
……
ん？
なんだよ、思い出せないでやんの。
いーのっ！うるさいなぁ…
お母さんだって子どもをあずけるのはつらい…
そんなあたりまえで大切なことに気づかされた1年目の夏の日でした。

STEP 5

保育者の夏休みですが…

夏休みは先輩の予定を優先!?
これは社会人１年生の試練かも。
発想を転換してリフレッシュを！

この回で伝えたかったこと――

保育者になって初めての夏休み。少し長いお休みを前に、ちょっぴりウキウキしているさくらに共感できますよね。4月からずっと気を張って仕事をしてきた分、夏休みには友人や恋人、家族と予定を合わせてあれこれと計画を立てたくなるのもうなずけます。けれども現実はというと、さくらと同様に多くの園では先輩保育者の予定が優先されがちです。それは職場関係が悪いのではなくて、自然の流れといいましょうか…。ここはいさぎよく割り切って、初年度の夏休みは与えられた休みの範囲内で、十分にリフレッシュする方法を考えましょう。

子どもの数も減って、いつもとは少し様子の違う保育室。発想を変えれば、ふだんの保育では見えなかったもの、忘れていたことに気づくチャンスなのかもしれません。コミックの中でさくらが考えたように、子どもを預けて働く保護者もつらいでしょうし、子どもだってさびしいはず。

もしも、あなたが保育者になって、お盆期間中も仕事をすることになったなら…。さくらのように、そのときなりの子どもたちの気持ちに寄り添った保育を心がけてみてください。

実習後のふりかえりのヒント！

- 保育者（社会人）となった年の初めての夏休みのイメージを、それぞれ出し合ってみましょう。
- STEP 5の、さくらの夏休みの保育で印象に残った場面はどこですか？　話し合いましょう。

新人保育者の本音 ＜体験談❷＞

つらかった！ 困った！ 子どもたちの前で叱られてショック!!

常勤になってまだひと月もたっていないころ、保育中に子どもの前でいろいろいわれて泣きたくなりました。自分の失敗ではないことを叱られ、立場上、反論できず「申し訳ありませんでした」と平謝りするしかないこともあります。また、「新人なんだから！ 自分から進んでなんでもやること」としつこく何度もいわれます。まるでサボっていると受け取られているみたいでイヤでたまりません。

ある先輩にみんなの前でいわれました。「あなたと主任のクラスでかなり差が出ちゃったね。これじゃあ、子どもがかわいそう」。それまでとくに具体的に指導されたわけでもなく、突然いわれてショックでした。職員会議でも名指しでミスを指摘されたりします。それもすごくきつい口調でいわれます。とてもじゃないけど耐えられません。

アドバイス

「恥をかいた」と思わないこと。子どもがいちばんの理解者です

自分の先生が叱られているのを見て、子どもたちはどう思っているのでしょう？

子どもは叱っている保育者に対してよい感情を抱かず、「先生がかわいそう」と感じています。そのことに気づかず、「失敗はその場で指摘しなくては」と思い込んでいる人は少なくないようです。もし、みなさんが保育者になって先輩という立場になったら、そのことを考えて後輩の指導をしてくださいね。

ただ、子どもたちとの関係を考えると、悪いことばかりでもありません。たとえば「自分がお片づけをしていなかったから（自分の）先生がしかられた」と思って、きちんと片づけるようになったりすることもあります。これは子どもの気づき、成長につながっているのです。

ですから、「恥をかかされた」「担任なのに」と落ち込む必要はありません。大丈夫。子どもたちはちゃんと、みなさんの応援団になってくれますよ。

STEP 6

得意技ってありますか？

ベビーサイン？
それって必要？
子どもの言葉が遅れる原因になりそうだけど？
ベビーサインは赤ちゃんによる手話のようなものです。
痛い
食べる
サインを覚えることで言葉への理解も早まりますし、
子どもたちは泣いたり、暴れたりして意思表示する必要がなくなります。
…子どもの泣いたり暴れたりは運動や粘土遊びで発散するものなのよ？
んー
根っこは同じです！
ベビーサインの考え方は最新の研究でも認められているんです。
ん〜
くわしくはこの本読んでみて下さい
………
たとえばこんなベビーサイン

ふたりの会話…………いっこもわかんないです。
ベビー…サイン??
ふーん…
チョキン
あのふたり研究熱心だからね。
どっちも譲らないからしょっちゅうぶつかるけど、じつは似た者同士かもね。
よっしゃ。
ハイ もう一丁あがり!
ピラ
おたんじょうび おめでとう
あぁっ!
あたしがひとつ作る間に、
ヨレ…
9 がつ
小梅先生は、3つも…!?
周囲の会話にも気を配りながら、
笑顔をたやさず……
まぁ、もともと作りモノは得意じゃないけどさ……
う…
…そういえば、
ポロン

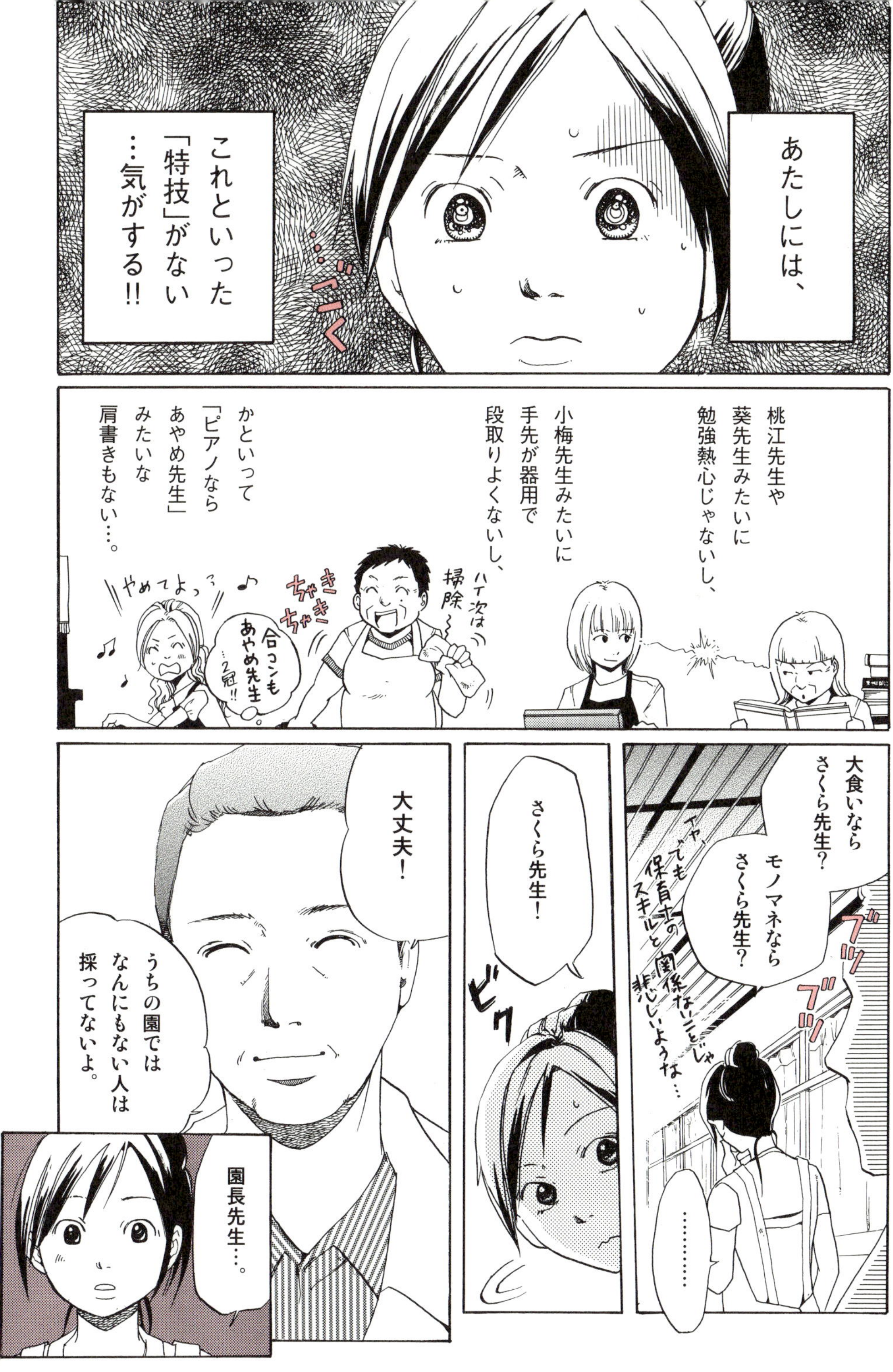
あたしには、
…ごく
これといった
「特技」がない
…気がする!!
桃江先生や
葵先生みたいに
勉強熱心じゃないし、
小梅先生みたいに
手先が器用で
段取りよくないし、
ハイ次は
掃除～
ちゃきちゃき
かといって
「ピアノなら
あやめ先生」
みたいな
肩書きもない…。
やめてよっ
合コンも
あやめ先生
…2冠!!
大食いなら
さくら先生?
モノマネなら
さくら先生?
イヤ、でも
保育士の
スキルと
関係ないことじゃ
悲しいような…
ブツブツ
……
さくら先生!
ビク
大丈夫!
うちの園では
なんにもない人は
採ってないよ。
園長先生…。

秋の長雨で園庭が使えないので、
今日は4歳児のクラスと合同で絵本の読み聞かせをすることにしました。
「みーんなほっぺがまっかだぞう」
「おててはどろんこまっくろだぞう」
……………
つらいわ…。あと1ページさっさと読んでしまいたい…。
ふぁ～…
「ぐるんぱはもうさみしくありません。…………」おしまい。
読み聞かせって苦手です…。
はー
ん？
最前列のあの子……、
ひー子ちゃんに見られているとどうも調子がくるうんです。

出典『ぐるんぱのようちえん』（西内ミナミ・作　堀内誠一・絵　福音館書店）

大人が声色《こわいろ》を変えて演じているのをさめた目で見られている気がして……。
……
さくら先生！
ハイッ
ぐしぐし
読み聞かせ交代して。
読み聞かせは何度もしているけど、絵本の時間でこんなにたくさんの子どもたちに聞いてもらうのははじめてかも……！
ドキドキ
わくわく
さくら先生の読み聞かせをよく見ておくといいよ。
そうそう。

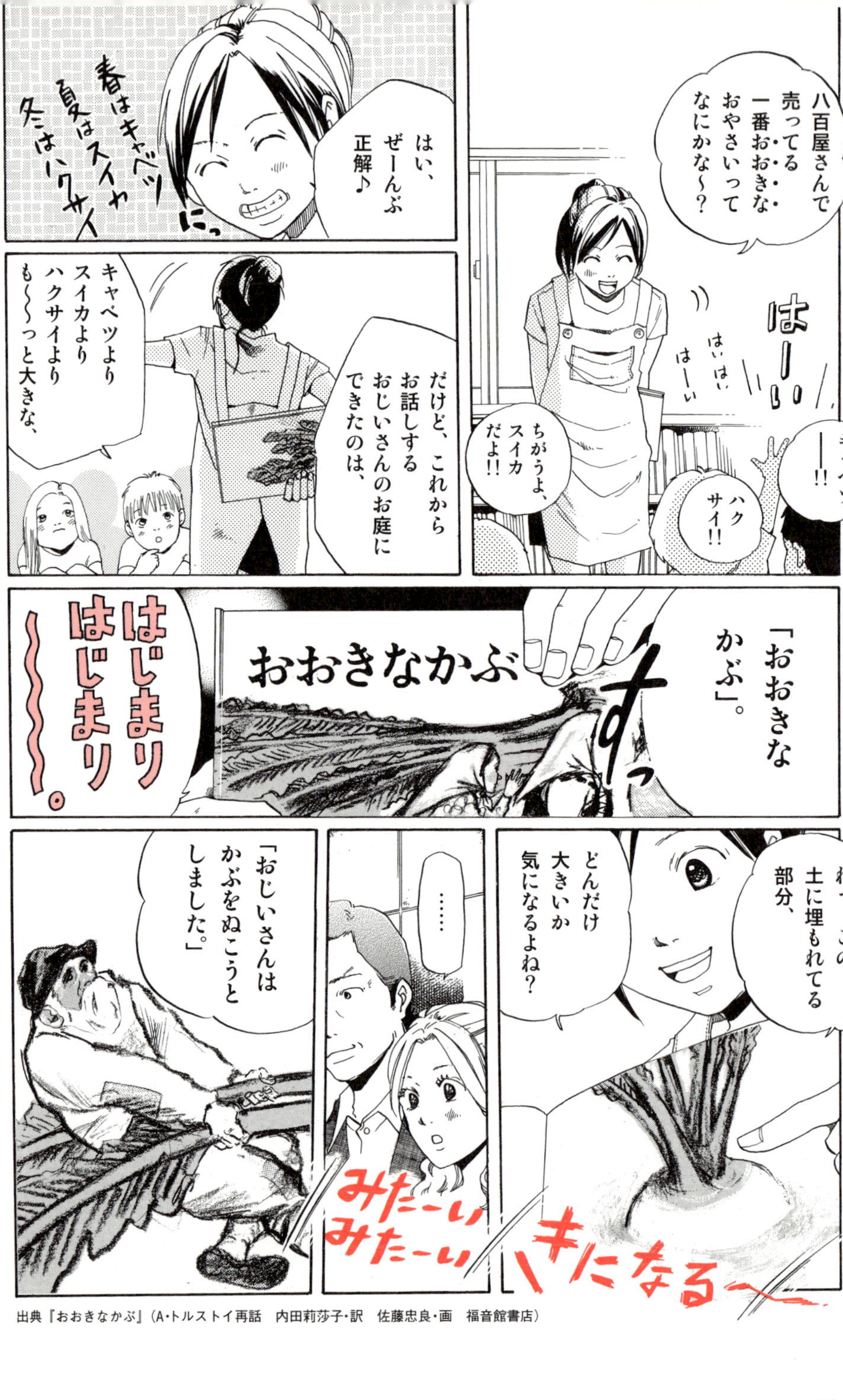

出典『おおきなかぶ』(A・トルストイ再話　内田莉莎子・訳　佐藤忠良・画　福音館書店)

うんとこしょ
どっこいしょ
ビク
くっくっ
「ところが かぶは ぬけません。」
「おじいさんは おばあさんを よんで きました。」
「うんとこしょ、どっこいしょ」
ホラホラ みんなも 手伝って〜！
うんとこしょ、
どっこいしょ!!
へ〜
やるわね〜。
読み聞かせ …じゃないみたい。まるで会話みたい。
うんとこしょ
どっこいしょ
……基本的なことだけど、
挿し絵を指さしたり めくりに緩急をつけながらも、
絶対に自分の身体《からだ》で絵を隠さないように注意している。
さぁ だれのしっぽ かな〜
そ〜
イヌ〜
いぬ いぬ いぬ

さくら先生は
ぜんぶ子ども側の
視線で考えて
いるんだ。
………
でも……
さくら先生が
こんなに魅力的に
読んでも、
やっぱり
ひー子ちゃんは
相変わらずだわ。
「ねずみがねこを
ひっぱって、
ねこがいぬを
ひっぱって、」
「いぬが
まごをひっぱって、
まごがおばあさんを
ひっぱって……、」
「うんとこしょ
どっこいしょ」
うんとこしょ
どっこいしょ!!
「やっと
かぶは
ぬけました。」
わあああ
どおっ

えっ
ぱちくり
わー
パチパチパチ
パチパチパチ
なんにもない人は採ってないよ。
……そっか!!
ニコ
実習生として来たときも最初に自信をもったのは読み聞かせの時間だった。
あたしの得意技は「読み聞かせ」なんだ…!
さくら先生!! どうしたらそんなに上手に読めるのっ!?
えっ。
えーと……あ、
恥ずかしがらずに読むこと、ですかねぇ…。
さくら先生はね、ひー子ちゃんがその場にいてくれるだけでいいんだよ。
大切なのは〝子どもたちに楽しんでもらいたい〟〝私も楽しむ〟って開き直ることじゃないかな?

全員を…ふり向かせる必要はないからね。
保育者にそれぞれの読み方があるように子どもたちにもそれぞれの聞き方があるんだよ、きっと。
そうですよ!!
あやめ先生が私みたいな読み方で読む必要なんてないんですよ!
私だってあやめ先生と同じようにはピアノ弾けないし…。
あたし程度習えば誰でも弾けるわよ…。
気づいてないんですか!?
あやめ先生が弾くときは、子どもがピアノのまわりに集まって来るんです!
首をふってリズムをとるんです!
目がキラキラ輝いているんです!
それって…さくら先生が読み聞かせするときみたいに……?
えっ
こうやって得意なところを伸ばしあって自分の保育を見つけていく…。
私らの若いころと一緒だね!
うん! なつかしい
さくら先生のでしになるッ
いえ 私はまだ見つけている途中の未熟者でして…。
てか同年代じゃないし…
じゃピアノ教えて下さい
キャ キャ

STEP 6

得意技ってありますか?

子どもと一緒にやって楽しいことが、あなたの得意技です。自信を持って実力発揮を!

この回で伝えたかったこと──

ピアノの弾き歌いや絵本の読み聞かせ、壁面作りや誕生日カードの制作…。保育の現場では、じつにさまざまな技術が求められます。もちろん、学生のうちから苦手なことを克服する努力は不可欠ですが、何もかも完璧にこなせる人なんていません。さくらが勤務する園のように、ピアノが得意な人、読み聞かせが得意な人…と、それぞれが得意なことを発揮し、連携して子どもたちと向き合うのが、理想的な保育のかたちです。

では、あなたの得意技はなんでしょう? 実習を経験した人は、「子どもが喜んで見ていた」「子どもと一緒にやって楽しかった」という実感を持てた活動(うた、遊び、絵本の読み聞かせなど)を思い出してみてください。それこそがあなたの得意なもの(得意技)ではないでしょうか? 得意なものに関しては、新人もベテランもありません。自信を持ってその実力を発揮しましょう。保育者同士が得意なところを伸ばしあい、苦手なところをフォローしあえると、子どもたちに対してもとてもいい関係で保育ができるようになります。何年後かにはきっと、あなたの「自分らしい保育」が見つかっていることでしょう。

実習後のふりかえりのヒント!

- 子どもと過ごした実習期間中に行った部分実習(主活動)はなんでしたか? また、子どもたちの反応はどうでしたか?
- あなたの得意な保育技術は何ですか? また、身につけておくべき保育技術(課題)は何か、そのための努力目標をまとめてみましょう。

新人保育者の本音＜アンケート❸＞

手遊びなどの「保育技術」は学生時代に磨くべし!!

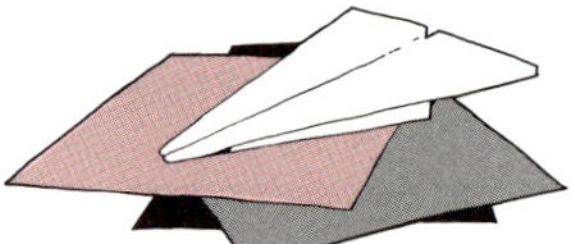

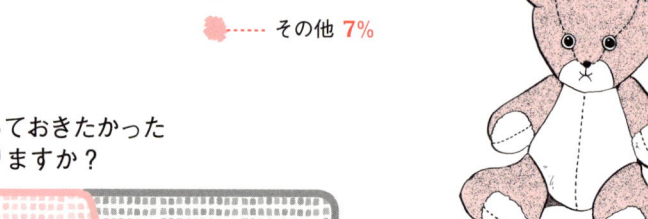

うたや手遊びなどの保育技術は「子どもの前でどのようにやればいいのか」「活動にどう導くか」といった実践方法にとまどう声が多数。スキルは現場で学ぶしかないと実感しつつ、「基本技術がまだまだ」と考える人が多いようです。「保護者とのかかわり」を学んでおきたかったという心情も理解できるものの、これも経験から学ぶしかない!!

Q もっと学んでおけばよかったと思う技術・知識は何ですか？（複数回答可）

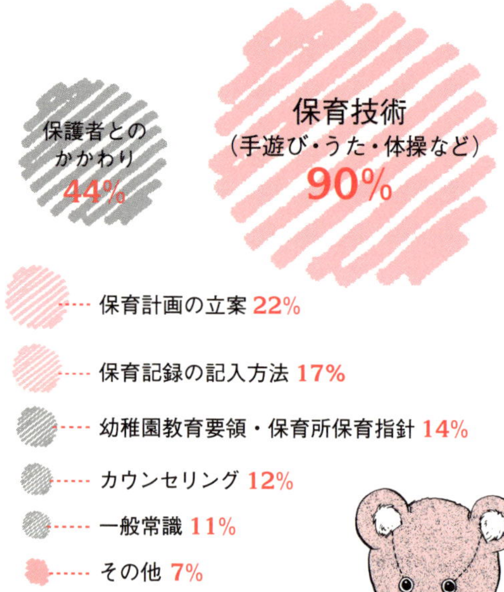

保育技術
（手遊び・うた・体操など）
90%
保護者とのかかわり
44%
保育計画の立案 22%
保育記録の記入方法 17%
幼稚園教育要領・保育所保育指針 14%
カウンセリング 12%
一般常識 11%
その他 7%

Q 就職前に知っておきたかったマナーはありますか？

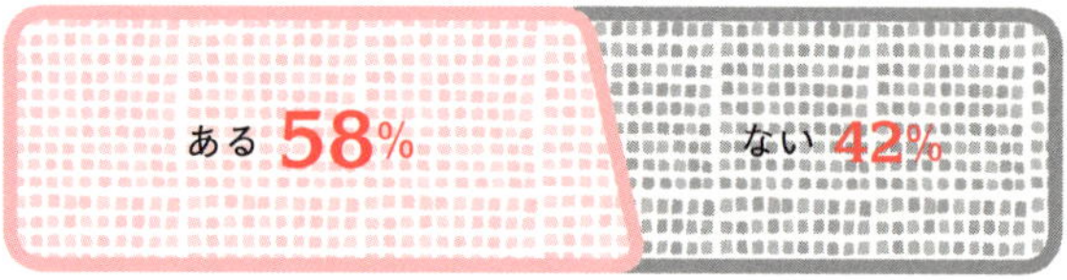

ある 58%
ない 42%

Q それは何ですか？

1. 敬語の使い方
2. 電話のかけ方
3. 手紙の書き方
4. お茶のいれ方
5. 身だしなみ
6. その他（先輩のたて方など）

「敬語の使い方」「電話のかけ方」が「知っておきたかったマナー」の大半を占める結果に。これらのマナーの基本を知らずに先輩保育者から注意を受けて、職場がイヤになるケースも。社会人として必要な基本的なマナーは、ぜひ習得しておいて!

STEP 7 はじめて保護者から苦情が…

運動会まであと半月あまり……
よぉーい、
ドン
私たち3歳児クラスは、
START
おさる帽着用
マットで前転
鉄棒ぶら下がり5秒
バナナ取り
バナナget!
GOAL
〝おさるさんリレー〟です。
いーち、
にーい、
さーん、
あっ
イテテ…
ホクトくん！
ぶら下がりが苦手な子は下にマットレスを敷いてある鉄棒に誘導してあげて。
ハイ！

ホクトくん、あっちでやってみようか？
いーち
にーー
さん
し〜
……………
鉄棒きらい？
きらいじゃないよ。
おそとあそびすきだもん。
にっ
がんばれがんばれ。
翌朝…
あの…
ホクトくんのお母さん！
うちの子を運動会に参加させないでください!!
えっ!?
やわらかくってキレイだったホクトの手のひらが、
真っ赤になってかたくなっているじゃないの。
かわいそうに…。

今まで大切に育ててきたんです!
今後ホクトを運動会およびその練習に絶対参加させないでください!!
失礼しますっ!!
はじめて触れる保護者のむきだしの感情に
圧倒されて言葉が出なかった。
お母さんはああいってるけど、
ホクトくんは運動会に出たいはず!!
お外で遊ぶのが大好きな子だもん!
キャッ
キャッ
本番までにもっと慣れが必要なんだわ……!!
よし!!
ところが…
とんとんまーえ
とんとんまーえ
さくら先生、ホクトくんの姿が見あたらないけど……!?
!!
えぇっ

ホクトくん!!
ガラッ
おさるさんリレーはじまってるよ。
ホクトくん!?
もじもじ
どうしてこうなっちゃうの…?
ホクトくんのお母さんね～……。
あはは
去年の今ごろも外遊びが多くって、
「汗をかいたらそのつど着替えさせてください!!」ってシャツを山ほど置いて帰ったっけ。
えー
一生分のシャツをね…
そういう過保護なお母さんて、
それが子どものためになると思っているんですかねぇ
………
さくら先生!!
「過保護」って言葉で親をひとくくりにしてはよくないよ。
たしかに我が子のことに過剰反応する母親はいる。
でもそれは、育児に対する熱意や意識の高さのあらわれでもあるんだよ。
問題はさくら先生がつられて過剰に反応してしまっていることじゃないかねぇ?
…………

ホクトくんは「本当は運動会に出たい」って、自分でハッキリそういったのかい？
いえ……でも、お外遊びが好きって……
変わる変わる！3歳児《こども》の言葉は気分次第よ。
大人もだけどサ
親と子を切り離して考えることはできないけれど、
いまのさくら先生みたいに親と子をひとくくりにして決めつけると、本当のことは見えてこないよ。
あのお母さんが邪魔していると思っていた。
……そう思いたかった。
翌日
ピー
わー
やっぱり今日も、ホクトくんは出てこないか……
みてみて
さくら先生ー
ケンちゃん…
ばっ
みてっ!!
だんだんおさるさんの手になってきた!!
みんなの手だって、ホクトくんと同じくらい真っ赤になっているのになぁ…。

…ケンちゃんのお母さん、おさるさんの手のこと何かいってる?
うん、
おかーさんにもまいにちみせてるよ!
10かぞえるまでぶらさがれるようになったよーってゆったら「すごいねー」って。
…そうか!
子どもが親にどう伝えるかも大きく関係するんだ!
鉄棒が得意なケンちゃんとできないのでやりたくないと思っているホクトくん。
Fire
子どものつたない言葉はときに誤解を招く。
私が大人の言葉で直接お母さんに説明して安心させてあげていればこんな事態にはなってなかったかもしれない……
参加させないでください
もじ…
イヤ、まだ挽回できるっ…!
まずはホクトくんのやりたくない気持ちを変えてあげることからだ…!

きょうは てつぼう しないの?
今日は 園のお外で 気分転換よ!
みんな いい感じに バラけてるわね…。
ぶら下がりができない子だけをマットレスの上に集めたとき、ホクトくんは一瞬うかない顔をした。
…怖がっていたというより、恥ずかしそうだった。
さくら先生の ひこうき 乗る人~!
なにそれ~
ホクトくん、おいで。
ぐっ
機長、そうじゅうかんを しっかり握ってて くださいね!
…りりく しまーす。
おおッ
ホクトくん、なにが みえるかな?

ぜんぶ……!
公園ぜーんぶみえる……!
おーーい
運動会練習だと緊張して縮こまってしまうけれど、
園外保育の開放的な雰囲気をうまく利用したんだ。
さくら先生もなかなかやるね。
はーい、ちゃくりく~。
つぎボク~
ハイハイ一列に並んでね~。
あたしも~
ぼくももっかいならぼっと。
そして当日…
はなみほいくえん うんどうかい
ワーワー

！
ホクトくんのお母さん！
来てくださったんですね！
私…怒ってるんですよ！
あれほどいったのにホクトの手のひら日に日に真っ赤になって。
あっ
お母さん、次ホクトくんの番ですよっ！
ドンッ
私たち大人の価値観で考えれば、
白くてやわらかい手が子どもらしくてかわいいという基準があるかもしれません。
けれども子どもたちは違います。
子どもたちは子どもたちの世界で生きています。
それは私たち大人からは想像もつかないイメージ豊かな世界です。
ぴっ
ホクト
いーち
にー
あるときから子どもたちは、
真っ赤になって角質化した手のひらを「かっこいい」と自慢し合って、
みんなで競うようになりました。

さーーん
うっ…
ホクト!!
大丈夫です!!
大丈夫………ホクトくんの手は、
しー
強い子の手………!
ゴーッ
やった♥クリア!!
ホクトオオオオオ!!
わああああああ
ハイ
ママ、あげる!
みてっ、かっこいいでしょ?
ママ、ぼくどんどんかっこよくなるからね!

STEP 7
はじめて保護者から苦情が…

いつかは経験する保護者の苦情。子どもの気持ちの確認と、先輩保育者への相談を忘れずに

この回で伝えたかったこと──

やっとクラスの子どもたちとの関係ができてきたころに、はじめて経験する「保護者からの苦情」。みなさんも、やがて経験するだろうと思います。

コミックの中でさくらは最初、「子ども（ホクトくん）は運動会に出たいのに、過保護なお母さんが一方的に邪魔をしている」と考えました。けれども実際には、子どもが「鉄棒をしたくない」というシグナルを発信していたことに気づきます。そのシグナルをお母さんがキャッチして、「運動会に参加させたくない」という「苦情」につながってしまったわけです。

保護者からの苦情というのはじつにさまざまなケースがあり、一概にはいえませんが、もしもそんな場面に遭遇したら、過剰に反応せず、まずは「子どもはどう考えているのか」をよく見ることです。そして必ず、先輩保育者に相談をしてください。決してひとりで結論を出して、保護者対応を急いではいけません。保育はあなたひとりで行っているのではなく、先生方みんなで子どもを見守り、育てているのですから。もちろん保護者との連携も不可欠。丁寧にコミュニケーションをとりましょう。

実習後のふりかえりのヒント！

- STEP 7を読んで、運動会前の子ども（ホクトくん）の様子から、子どもの育ちが感じられる場面はどこでしたか。
- STEP 7のケースの保護者からの苦情に対して、あなたならどう対応しますか。また、実習中に経験した事例があればその対応について考えてみましょう。

新人保育者の本音 ＜体験談❸＞

つらかった! 困った!
思ったように保育ができず四苦八苦!

午睡で子どもたちをトントンするとき、ある子の布団に行ったら「先生じゃイヤ! 一緒に寝たくない」と大声で泣かれました。最初はかなりショックでしたが、ふだんあそびのときから、その子と積極的にかかわって心を開いてもらうように努力しました。今では、「先生、こっちに来て!」といわれるようになりました。

3歳児のなかで、私のクラスだけにおもらしをしてしまう子がいます。その子の保護者と園の考えが違っていて、とても悩みました。けれど、一番は子どもだと思い、子どもの「自分はこうしたい」という気持ちを考えながらトイレット・トレーニングをしました。しばらくしてトイレでおしっこができるようになりました。

アドバイス

教科書どおりにいかないのが保育の仕事の醍醐味です

学校で学んだり、実習で体験していても、いざ現場に出ると思うようにはいかないのが、子どもと向き合う保育の仕事。アンケート（76ページ）でも新人保育者の多くが「もっと保育技術を学んでおけばよかった」と答えています。

けれども、実際の保育技術は現場で身につけていくもの。ベテラン保育者だって、最初から教科書どおりに対応できたわけではありません。徐々に技術と“勘”を磨いていく、それこそが、保育の醍醐味です。

午睡、トイレット・トレーニング、けんかの仲裁、遊びの援助。子どもは保育者が「えっ!?」と驚くような予想外の反応をするもの。そのときどきの子どもの気持ちに寄り添った対応は、経験から学んでいくしかありません。そして、この経験の積み重ねが保育者としての成長につながっていくのです。

STEP 8 園庭の砂場からたくさんのことを学びます

ある寒い日の朝
さくら先生〜〜!!
ちょっと来てくれるかい？
はーーい
砂場…？
ガチ
ガチ
おおーーっ!
砂場ってほうっておくとこんなに固まるんですねー。
へ〜
ニッ
面白〜〜い!

さっ、じゃあ今日から毎朝さくら先生にこれを全部掘り返してもらいます！
がんばって！
!!
重っ…
腰を入れて掘らないとすぐに朝会はじまるわよ～。
ガシッ
寒い！
硬い！
つらい！
ザクッ
ガシッ
……だからって、
俺にひたすら砂を掘った話をされても…。
だって!!
保育士になってまさか本気の力仕事するなんて思わなかったもん！
これって女子の仕事!?
見てっ
マメ!!
おお～
こんなんひさびさ見たわ…

でもさ、ちょっと前のおまえなら、こんなときすぐに「向いてない」っていったのに、
最近はいわなくなったよな。進歩進歩。
ま
まあね。
ちょっとずつ自信をもてるようになったっていうか…。
ぐっ
「向いてるかも!」と思える出来事もいろいろあったしねー。
早く一人前と認められたいのに、
コキッ
砂掘って筋肉痛になってる場合じゃないよ。
おまえ向いてないって決めつけるのも早いけど、
向いているって思いこむのも早いな〜。
失敗するのはたいていそういうときなんだぞ!
わけもなく調子乗ってるときな。
ガジッ
ガジッ
ザクッ

よし 砂場の 掘り返し 完了!!
ザッ
……と、
……そうか、昨日の夜からの強風で、
落ち葉がこんなに……
ついでに ぜーんぶ キレイに 掃いちゃえ!
こんなの ほっといたら 見苦しいもんね
ザッ
ザッ
ザッ
さくら先生!!
何をやっているの…!?

ハッ!
今朝は落ち葉がひどかったので掃除しておきました!!
園庭の落ち葉も
子どもたちにとっては大事な遊び道具なのよ!?
……!!
落ち葉のじゅうたん、焼きいもごっこ、
落ち葉を雪に見立てて雪合戦…。
まあまあ…。さくら先生は安全を優先したんだよ。
子どもたちが走って落ち葉ですべると危ないと思って、気をきかせてくれたんだよ、ね。
……………

結局この雨で落ち葉も濡れちゃっただろうから、
さくら先生が掃除しておいてくれてよかったよ。
……………
………止んだかな？
雨
くよくよひきずってる場合じゃない!!
遊具ふきに行ってきます。
手伝うよ。

小梅先生……さっきはかばってくださってありがとうございました。
あはは
気にしない気にしない。
あたしは…小梅先生がおっしゃったような深い考えがあって掃除したんじゃないんです。
砂場掘りのついでに気をきかせたつもりでじゃまな落ち葉を片づけただけでした…。
…冬の砂場掘りはつらいかい?
ドキッ
えっ!?
はっ、はい! 正直にいうとこんな仕事があるとは思っていませんでした。
しかも、すごく力がいる仕事でした。
——じつはね、あたしも1年目の冬文句ばっかいいながら砂場掘ってたんだよね。
もっと子どもとかかわりたいのになんでこんなことしなくちゃなんないの、ってシャベルに八つ当たりしてさ。
そう思っているうちはこれがまたちっとも楽にならない。
あはは…

本当は砂場掘りだって立派に子どもたちとかかわっているんだよ。
これこそが「プロだからやる仕事」なんだ。
公園の砂場で子どもと一緒に遊ぶだけのお姉さんなら朝の砂場の硬さなんて知らないだろう?
いま、こうして遊具の雨露をふき取っていることも、
子どもたちにとってどういう意味があるのか想像しながら手を動かすといい。
〝つらいけれど意味がある〟ことのためには人間は力を出せるのさ。
〝子どもは砂場からすべてを学ぶ〟っていわれているくらい、
あげる
ありがと
やめてよ★
砂場は子どもたちにとって大切な場所なんだ。
さくら先生の強みは、
子どもの気持ちになって考えることができることだろ?
あ
ハイッ!!

ザッ
ガジッ
〃意味〃…
ガジッ
ザクッ
もし、あたしが砂場掘りをサボったら、
子どもたちは登園してすぐには遊べない…………
そんな思いはさせたくない…。
だけど、
子どもの気持ちになって考えると……
人知れず掘り返してしまうことで、
夜の間に砂場に起きたことを知らずに終わるのももったいないような…。
そうだ！
おすなばにかたまりがあるよ～
キャキャ
わー
なにコレ～！
ふふ
固まった土を一部分残しておいたのよ。
えいっ！
キック キック
寒～い夜の間にお水はこごえてかたちを変えるの。
あっ
ね？ バケツのお水、うっすら氷が張っているでしょう？

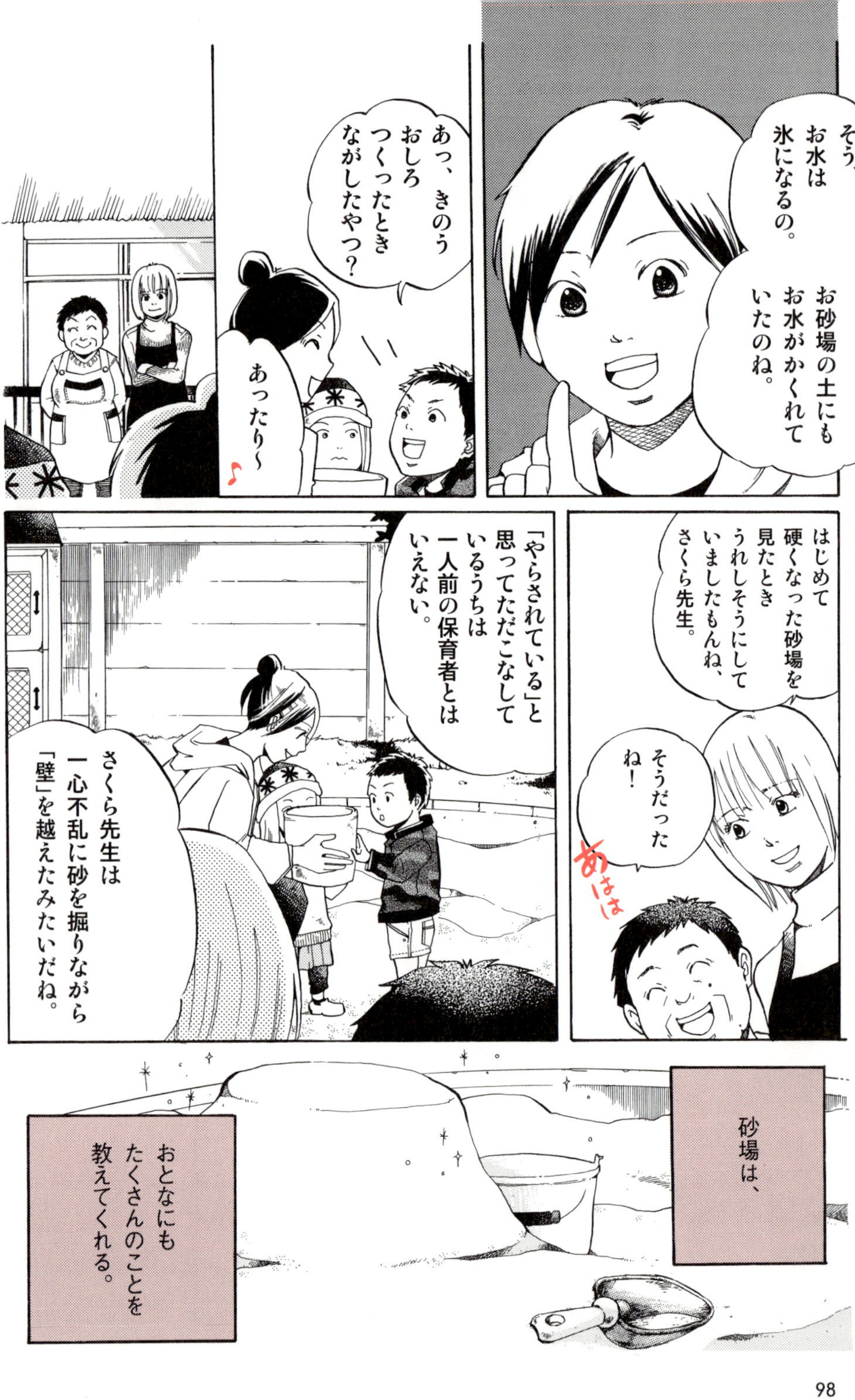
そう、お水は氷になるの。
お砂場の土にもお水がかくれていたのね。
あっ、きのうおしろつくったときながしたやつ?
あったり~♪
はじめて硬くなった砂場を見たときうれしそうにしていましたもんね、さくら先生。
そうだったね!
あはは
「やらされている」と思ってただこなしているうちは一人前の保育者とはいえない。
さくら先生は一心不乱に砂を掘りながら「壁」を越えたみたいだね。
砂場は、
おとなにもたくさんのことを教えてくれる。

STEP 8

園庭の砂場から
たくさんのことを
学びます

子どもが安全に楽しく遊ぶ。その環境を整えるのもプロならではの仕事です！

この回で伝えたかったこと――

「毎日、かわいい子どもたちと過ごせる仕事」――。一般的に見た保育者の仕事って、そんなイメージではないでしょうか。もちろん間違いではありませんが、目に見えることだけが、保育の仕事のすべてではありません。みなさんもやがて保育者になって現場に出ると、きっと想像もしていなかったような業務の連続に驚くことでしょう。

たとえば、コミックにも描かれていた「砂場掘り」もそのひとつ。寒い季節、水分が凍ってガチガチに固まってしまった砂場を掘り起こし、子どもがすぐに遊べる環境を整えておくのも、保育者の大事な仕事です。雨上がりの朝に、園庭の遊具の水滴を拭き取って子どもが安全に遊べるようにしておくのも同じ。一見、地味で面倒な作業ですが、保育の環境を整える大切な仕事（環境構成）。「子どもを預かるプロ」としての仕事です。

環境構成には必ず保育の意図があります。「こんなはずじゃなかった」と嘆く前に、その作業が子どもたちにとってどんな意味があるかを想像してみましょう。きちんと理解して行えば、つらさも半減するはずですよ。

実習後のふりかえりのヒント！

- 毎朝、子どもが登園する前の保育者の仕事にはどんなものがありますか？　実習で学んだことをふりかえって、整理してみましょう。
- 「環境構成の意図」について、STEP 8を通してわかったことを話し合ってみましょう。

新人保育者の本音 ＜体験談❹＞

つらかった！ 困った！
子どもがいうことを聞いてくれない！

「これから○○してください」。3年目の先輩がいうと一度で子どもたちは動いてくれるのに、私がいうと無視されて、二度、三度いわないとなかなか伝わりません。私が担任なのに、持ち上がりの補助の先生のところに子どもが集まってしまうのでさびしいです。私が叱ってもいうことを聞かないのに、その先生がいうと一回で聞きます。
　今は叱るとき、ほめるときと常に態度にメリハリをつけるようにし、子どもたちの目を見て話す、子どもたちにもこちらの目を見て聞いてもらう。そんなことを心がけています。

　3人担任のクラス。子どもが私のいうことだけを聞いてくれず、先輩に「子どもとの信頼関係を築けていないからだ」と注意されます。今度はこうしようと考えたりするのですが、いざとなると焦って、どうしたらいいかわからなくなるのです。「やだ！」と拒絶されるたびに子どもにイラつく自分もイヤになります。

アドバイス

「1年目はどうでしたか？」尊敬できる先輩に聞いてみましょう

　先輩との力量の違い。経験の差だとわかってはいるけれど、やはり落ち込みますよね。そんななかで、子どもとの心の結びつきを高めようと努力しているのは、本当によいことだと思います。このようにポイントを絞った工夫は、きっと実を結ぶことでしょう。
　ひとつアドバイスをするとしたら、よい先輩の姿を自分の未来と重ねてみることです。このケースであれば「自分も3年たったらこうなれるんだ」と思ってみてください。何事もプラス思考が大切。
　そのうえで、その先輩に「1年目はどうでしたか?」と尋ねてみては? 最初からなんの問題もなかった保育者はいないと思います。自分なりの紆余曲折をきっと話してもらえるでしょう。

STEP 9

子どもにだって人間関係はあります

わあああん～
ムッくんがたたいた～～!!
ヤスくん、大丈夫？
ムッくん、おともだちをたたいちゃダメでしょ？
………
わ わ
すっ
ムッくん、だいじょうぶ？
なにがあったかせんせいにおはなししてくれる？
!!
ヤスくんが…
ぼくのいちばんだいじなヒコーキを……
うぐ…
ポロ
ポロ

はぁ〜
さすが葵先生!
あたしなんてつい反射的に泣いてる子の方に駆け寄っちゃって…。
起
ん
わーい
承
かせよっ
あっ
転
かえしてよっ
べし
べし
イテテ
結
わああああん
あたしら保育士が事件《コト》に気づくのはこの段階だもんね。
ムッくんのヒコーキをとったことはヤスくんがわるい。
だけどムッくんもたたいたのはよくない。
ふたりとも自分の悪いとこはごめんなさいしましょうね。
ゴメ…
あぁっ
しないっ!!
ぷいっ
にへら…
ふだんからヤスくんはムッくんに好き勝手してたから、
そういう積もり積もった怒りもあったのかもしれないね。
子ども同士のケンカも思ったより複雑なんですね…。

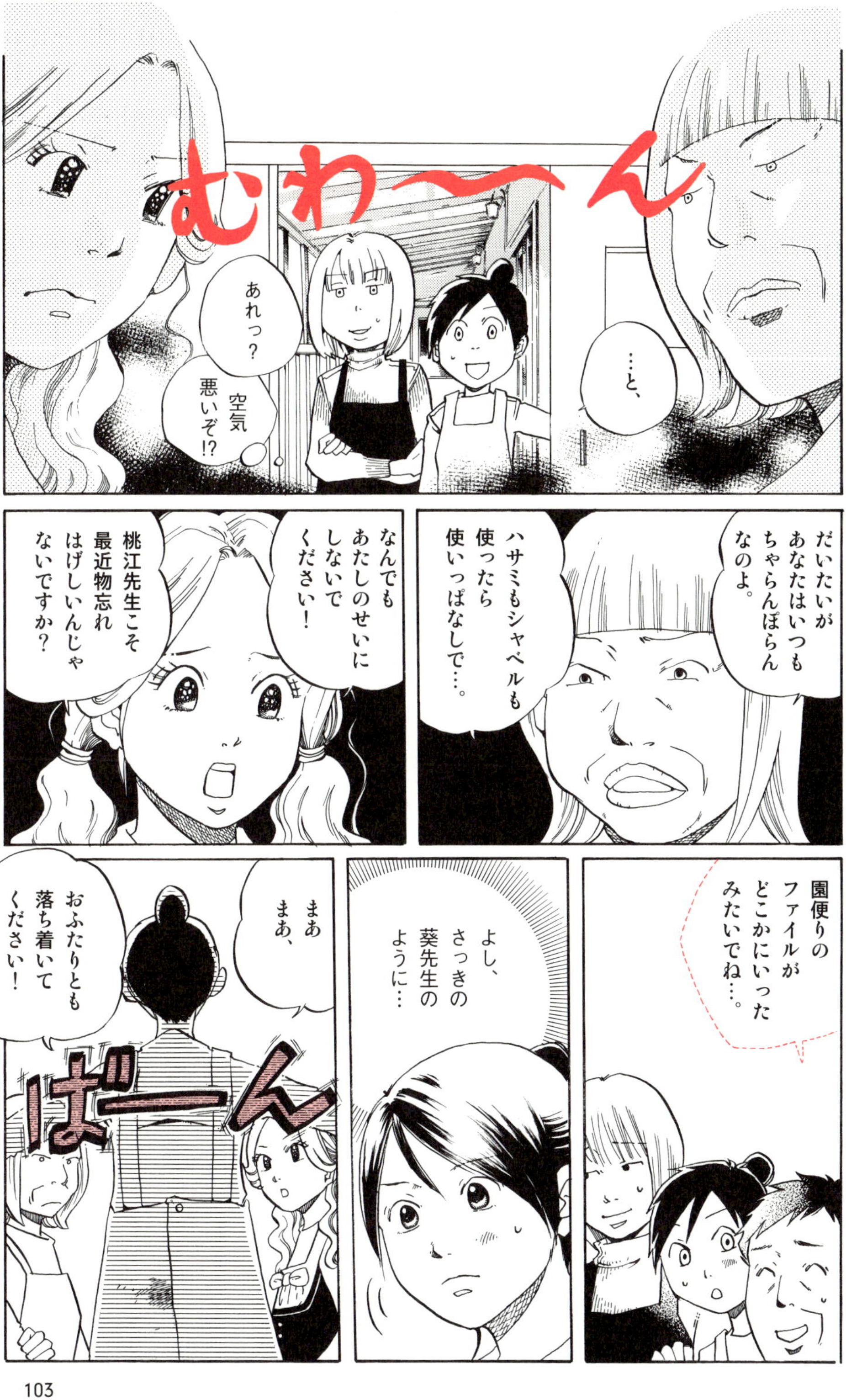
むわ〜〜ん
…と、
あれっ？
空気悪いぞ!?
だいたいがあなたはいつもちゃらんぽらんなのよ。
ハサミもシャベルも使ったら使いっぱなしで…。
なんでもあたしのせいにしないでください！
桃江先生こそ最近物忘れはげしいんじゃないですか？
園便りのファイルがどこかにいったみたいでね…。
よし、さっきの葵先生のように…
まあまあ、
おふたりとも落ち着いてください！
ばーん

桃江先生の言葉には決めつけが入ってますし、
あやめ先生のいまのセリフは目上の人に失礼じゃないですか？
ふたりとも自分が言い過ぎた点は素直に謝って、
ファイルさがしましょう！
はぁ？
ふいっ
子どもよりたちがわるい…
……
「ケンカはダメ」とか、
「悪いと思ったら謝ろう」とか、
もつ焼
もつ焼 居酒屋
おふ

そもそも自分たちもできていないことを、
子どもたちに言い聞かせるのはしらじらしい気がするんだよね。
ずいっ
——さくら君《くん》
大人も子どもも関係ない。
人間関係にかんしては一生修業は続くのだよ。
へっ?
人間同士の在り方に正解なんてない。
まして、他人の人間関係に介入するとなるとなおさらだ。
「先生」と呼ばれているからといって、免許皆伝《かいでん》と思うなよ。
ほ———
ごもっとも。
ってアンタ、また本の受け売りでしょ——。
はっはっは
ネスマン
武士道
対人編
〝ケンカ〟じゃない。
これは〝人間関係〟の問題なんだ。

子どもの社会にも、
せっせっせーの
大人と同様に人間関係はある。
いーれーてっ
………
モジ…
あ…
………
大人になっても、
形は変われど、〝拒絶〟は経験する。
だけど…
やっぱりあたしはほっておけない…！

ねえ、ふたりとも…
…すっ
のんちゃん。
せんせいもてあそびいーっぱいしってるよ!
ほんとーっ?
あ…
あれ?
いっぴきのー
のねずみがー
ついつい、「入れて」といってる子の方を尊重してしまいがちだけど、
私たち保育者が無理に仲を取りもってしまうと、
「いまはふたりで遊びたい」という気持ちを無視してしまうことになるんだよ。
ふたりだけで遊びたいときもあることを大事にしてあげないとね。
〝のねずみ〟の歌の、

輪がどんどん広がっていって、
のんちゃんはすっかり笑顔をとり戻した。
キャッ
キャッ
そ～
葵先生…！
キッカケだけ作ってあとはそっと抜ければいいのよ。
マイちゃんとユキナちゃんは、最近やっと仲良くなったばかりで、
もうひとりを交えて遊ぶのは難しいと思ったの。
のんちゃんはマイちゃんたちの遊びに興味をもっただけだし、
いーれーてー
あの子はしっかり話せば理解してくれるわ。
同じ3歳児なのに…？
さくら先生は月齢を把握できているかな？
！

さらに
きょうだいの有無で
生活体験は
一人ひとり
違ってくるわね。
のんちゃんは
3人きょうだいの
真ん中だから、
いつも自分の
思いが通るとは
限らないという
経験があると
思ったの。
………
…"人間関係"に、
「これだ」っていう
答えなんか
ない。
一人ひとりが
したいことを
理解して、
状況と経験に
あわせた
援助ができれば
いいんだ…！
せんせー
ばいばーい
ばいばーい
のんちゃん…。
おともだちと
たくさん
あそんだ？
……
んとねー
マイちゃん
たちには
いれてもらえ
なかったの。

でも
あおいせんせいと
みんなで、
のねずみやって
すごーく
たのしかったの。
にひ
あのときは
たまたま
タイミングが
わるかったけど
マイちゃんたち
つぎはきっと
いれてくれるよ。
マイちゃん
たちにも
「のねずみ」
おしえてあげたら。
そう
そう
うん
そう、
いっぴきの一
♪
♪
いっぴき
の一
タイミングが
悪かっただけ。
そうとらえて
必要以上に
傷つかない
ことも、
人間関係の
コツのひとつ
かもしれない。
大人と
いっしょだ。
さくら、二十歳
がんばるぞー
まだまだ
修行中・・・！
結局
サトシに借りた

STEP 9

子どもにだって
人間関係はあります

子ども同士のトラブルへの介入は、過程を見極めて慎重に。柔軟な対応を心がけましょう

この回で伝えたかったこと――

あなたは、泣いている子どもを見かけたら、ついつい「その子がどうしたら泣きやむだろう…」と考えませんか？　けれど、それが子ども同士のトラブルが原因ならば慎重に対応したいところ。子どもが泣いている（あるいは困っている、怒っている）状況には、そこに至る過程（プロセス）があるということを忘れないでください。

コミック中でさくらは、「ヤスくんが泣いた」という状況にあわてて、ヤスくんのフォローにしか気がまわりませんでした。けれども、実際はヤスくんとムッくんの問題であり、保育者としては両方の子どもに対して気をかけてやる必要があります。マイちゃんとユキナちゃんの仲に入れてもらえなかったのんちゃんの場合も同じこと。
「起承転結」の結果だけを見て判断したり、大人の価値観を子どもの人間関係にあてはめて、「どちらが悪い」と判定を急いではいけません。子どもの実態（園での様子や、きょうだいの有無など）、発達、興味・関心などを総合的に考えて、状況に応じた適切な援助ができるようになってほしいと思います。

実習後のふりかえりのヒント！

実習中に遭遇した「子どものケンカの場面」を挙げてみましょう。また、それらのケースについて、それぞれ具体的な対応策を考えてみましょう。

STEP 9 で描かれたふたつのケースと、保育者（さくら、葵先生）の対応について、印象に残ったところを話し合ってみましょう。

新人保育者の本音 ＜体験談❺＞

つらかった！ 困った！

負担と責任が重くて体力的にキツい！

0歳児クラスでひとり担任を任され、日誌、お便り帳、週案、月案、児童票とすべてひとりで記入していました。責任が重いうえに、持ち帰り仕事もあり、体調を崩してしまいました。また、すぐに子どもの風邪をもらってしまいます。胃腸炎になったこともあり、休むにも休めず体力的につらかったです。

1年目で障がい児の加配保育士になりました。担任をしながら障がい児に対応するのは、精神的にも肉体的にも大変です。また、その子のお母さんがふさぎがちで対応が難しいのも悩みです。前もってその子が休みだとわかっている日しか休めず、代わりの保育者はいない状態です。

アドバイス

過度な負担を感じるときは複数の人の意見を聞いて！

「体力的につらい」という悩みはアンケートでも多く寄せられました。確かに新人のうちはなかなか要領を得ず、週案や月案、お便りの記入などには、時間がかかることと思います。しかし、少しずつそういった事務的な仕事のスピードもアップしてくるはず。仕事に前向きに取り組めている間は、なんとか体力は維持できるものです。ただし、精神的にあまりにも負担が多いようであれば、同僚や先輩など、複数の人たちの話を聞いてみてください。そのうえで判断し、園長先生に相談することをお勧めします。

もうひとつ。がんばった自分にごほうびを用意してはどうでしょうか？ 次の給料日に何を買うか決めておく、おいしいものを仲間と一緒に食べに行く約束をしておく。そんな小さな楽しみを持つことは大切。そして何より「先生大好き!」と抱きついてくる子どもの笑顔を励みにしてください。

STEP 10

最初から保育者だった人はいません

花見保育園では
今年も保育実習生を迎えることになりました。
若葉学園短大苑田つぼみでーす。
実習生…！
ついこの前のあたしじゃん…！
じーーん
つぼみ先生には順番にいろんなクラスを見てもらうからね。
はーい。
ねぇねぇ
つぼみ先生はどうして保育士を目指そうと思ったの？
あー目指すっていうかー、
あたし別に保育園の先生になるトカってまだ決めてるわけじゃないんでー。
しれっ
あは

毎年いるのよね……このタイプ…。
ええー
せめてその本音隠してくれ…
保育士にならないのに保育科入ったの?
どうして?
医短トカー、資格取れる系全部受けたんスけど、保育《ここ》しか受かんなくてー。
保育士にならないのに保育の資格取ってどこで使うの?
ていうかー、
とりあえず何か資格持っときゃいいかなーって思って。
へ〜〜〜なるほどねー。
そんなもんか〜〜
こうして、
2週間だけの後輩との生活がはじまりました。
キャ
キャ
つぼみ先生ーー

子どもたちの人数は確認した？
あー、今やろうと思ってたトコっす。
はいはいならんでねー。
ねー ねー しかられたの？
はやくしないとまたおこられるよ。
手伝うよ。
とてとて
思ったより大変でしょ？
たった2週間なんでなんとかなるっスよ。
つぼみせん…
ユウトくん!!
びたーん
あ〜〜
お。
いたいのいたいのとんでけー
いたいのいたいのとんでけー
…で合ってたっけ？
………なおった。
つぼみせんせー、
ぼくのおよめさんになって。
キャーッ
あはは
こーゆーの保育園の先生っぽいっスね。

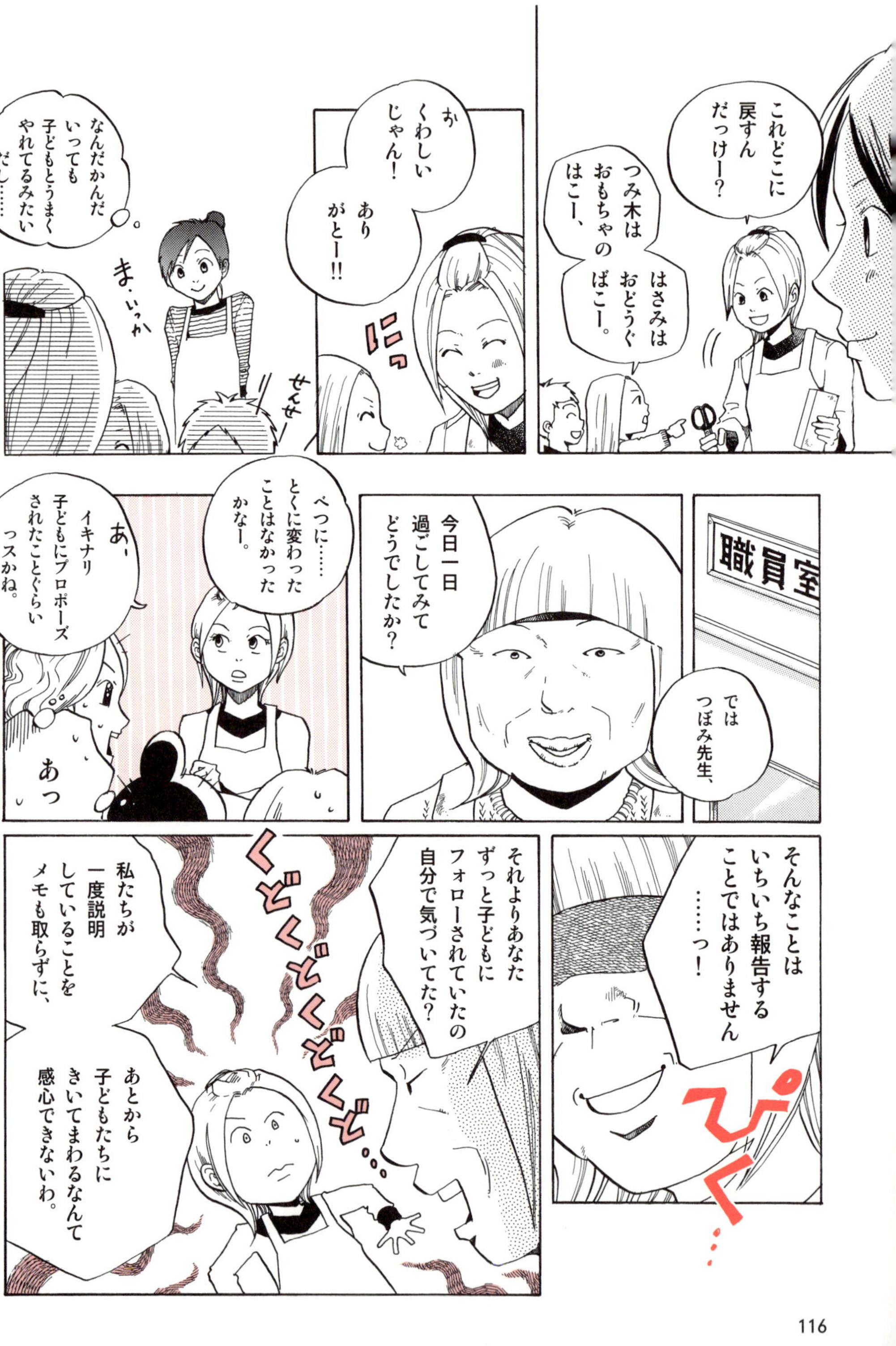
これどこに戻すんだっけー?
つみ木はおもちゃのはこー、
はさみはおどうぐばこー。
おくわしいじゃん!
ありがとー!!
にっ
なんだかんだいっても子どもとうまくやれてるみたいだし……
ま、いっか
せんせー
職員室
ではつぼみ先生、
今日一日過ごしてみてどうでしたか?
べつに……とくに変わったことはなかったかなー。
あ、イキナリ子どもにプロポーズされたことぐらいっスかね。
あっ
そんなことはいちいち報告することではありません……っ!
ぴく…
それよりあなたずっと子どもにフォローされていたの自分で気づいてた?
くどくどくどくど…
私たちが一度説明していることをメモも取らずに、
あとから子どもたちにきいてまわるなんて感心できないわ。

そうだわ、つぼみ先生には、
来週土曜日のお誕生日会のピアノ伴奏をお願いしようかしら。
あ、ハイ…。
ピアノくらいなんとかなるっしょ。
なんなんスかモーー!
さっきのミーティングあたし、集中砲火じゃないスかー。
ただの実習生なのになー。
つぼみ先生地雷踏んじゃったからね…。
保育士生活20年…子どもからただの一度もプロポーズされていない先生もいるのよ。
おっ、短い!
へ?
スカート?
若い!
いいな〜
ちょっと前までさくら先生が一番短かったくせに…
コラコラ
ひょっとして服装のことまで口出しされるんスか?

ミニスカ禁止
ネイル禁止
ブランド禁止
清潔第一
薄化粧
ださっ!!
朝は7時前の日
もあるし、
残業あたり前、
ほっとできるのは
お風呂に浸《つか》かってる
ときくらい…かな?
げー
それ相当
ツライっスよ
…。
先輩たち
どうして
やめない
んスか?
つらいと
思うことは
あるけど、
イヤだと
思ったことは
ないよ。
この仕事は
しんどさを上回る
やりがいのある瞬間が
いっぱいあるんだ!
たった
2週間なら
めいっぱい楽しめば
いいじゃん!
…
お誕生日会
当日…
1がつうまれ
おたんじょう
がんばれ
つぼみ先生!
やべ…
結局一回も
練習してないや
……
はは…
まぁ
簡単な曲
ばっかりだし
…。
ちら…

うそっ 人《ひと》多っ!!
親トカいるわけ!?
せんせー
……どうしよう
指がのびない…
超はずかしー
だからやりたくなかったのに…
いたいのいたいのとんでけー。

ユウトくん…
いたいの いたいの とんでけー。
つぼみ せんせー
わあっ
せんせー おねつ あるの?
だいじょうぶ?
つぼみ先生 いっしょに 指揮しよ!
ピアノは あたしが かわるわ。
先輩…!

キャ
キャ
……実習もあと2日でおしまいかー。
2週間てあっという間っスね…。
なごりおしいならまた来なよ！
見てみたいな、つぼみ先生が保育士になったとこ。
………
つぼみせんせー
!
つるつるどろだんごのつくりかたおしえてあげるー
ねー
ねー
……こうして、
長くて短い2週間は終わりました。

静かになったわー。
ああいうヤル気のない人にはこの仕事に就いてほしくないわねー。
………彼女、
子どもたちには好かれていましたよ。
ふつう、子どもに教えてもらったりなぐさめられたりすると、
「先生失格だ」とか「ナメられたかも」と思って落ち込むと思うんです。
だけど彼女は心から素直に「ありがとう」をいっていました。
子どもたちにもそれが伝わってまるで自分たちの仲間のように慕っていました。
…子どもに甘えているともいえるわ。
そんなのは保育士ではないわね。
まあ、いきなり保育士だった人はいないからね。
………子どもに好かれてたってのはわかるよ。
「おねぇさんの悪ガキ」みたいな憎めない子だったもんね。
〝素直さ〟だって、
ピアノや読み聞かせと同じ〝得意技〟かもしれない。
さーって
また来年も手のかかる新人が入ってくるかな?
えー
どーゆー意味ですか!?
あはは

STEP 10

最初から
保育者だった人は
いません

実習生だって「せんせい」です。現場で子どもと向き合う以上、自覚と責任を持って取り組んで

この回で伝えたかったこと――

「なぜ、保育者をめざそうと思ったの?」――実習先でそうたずねられたら、あなたはどう答えますか? コミックで実習生のつぼみ先生は、「とりあえず資格をとるため」などと悪びれもなく答えていましたね。さくらは、思いもよらないその“動機”をある意味、新鮮な思いで受け止めていましたが、実際のところ、現場の保育者たちはどう感じるのでしょうか?

保育現場（幼稚園・保育園）では、実習生の受け入れは「後輩を指導する機会」として先生方の努力の上に成り立っています。日常保育を行いながら、実習生への指導や配慮も必要なわけですから、その負担はけっして小さくありません。ですが、同時に後輩である実習生に期待もしているのです。自分が卒業した養成校の後輩が来る場合にはなおのこと。それだけに、やる気のない人には来てほしくないというのが本心でしょう。

これから実習に行く人は、保育の現場に立つ以上、「保育者になる」という自覚と責任を持って取り組んでください。ご指導くださる先生方や子どもたちとしっかり向き合い、理想の保育者像、保育観を描いてみてほしいと思います。

実習後のふりかえりのヒント!

- あなた自身の実習生としての心構え、実習期間中の言動はどうでしたか? ふりかえってみましょう。
- STEP 10のつぼみ先生の言動はどのように映りましたか。また、実習で発揮できる（した）あなたの得意技があるとしたら何ですか?

新人保育者の本音 <アンケート❹>

「先生、大好き!」が励みに。うれしいことも毎日たくさん!

Q 保育者として働いてきたなかで、うれしかったことは何ですか?(複数回答可)

- 「先生、大好き」といわれるなど、子どもからの信頼を実感したとき **68%**
- 言葉が出るなど、子どもの成長を実感したとき **41%**
- 保護者や先輩保育者にほめられたとき **26%**
- 自分の保育技術が通用した達成感 **12%**
- その他 **8%**

子どもから「好き!」といわれたり、「○○先生」と名前を呼んでもらったときの感激や、子どもの成長を感じた瞬間が「うれしかったこと」の多くを占める結果に。保護者や先輩保育者にほめられたり、認められることも大きな励みになっているようです。こういった出来事の一つひとつが、新人保育者のやりがいにつながっていくのでしょう。

子どもとのかかわりで感じた「うれしい!」「感動した!」

- *はじめてのハイハイ。はじめてのタッチ。子どもが成長していく姿を見ること。
- *園服のボタンを自分でかけられるようになったとき。
- *離乳食を一切口にしなかった子がはじめて食べた瞬間。
- *ずっと泣いて登園していた子が、「おはよう!」とやってきた朝。
- *なかなか言葉が出なかった1歳の子が、はじめて私の名前をいってくれた瞬間。「○○せんせい」と呼ばれて涙が出た。

保護者・先輩とのかかわりで感じた「うれしい!」「感動した!」

- *組んでいる担任と呼吸が合ってきたこと。
- *先輩保育者に認めてもらえたとき。
- *登園時、保護者の方に「毎日ご苦労さまです」といってもらえたこと。雨の日も外に立つ毎日だったので涙が出そうになった。
- *「下の子が幼稚園に入るときも先生がいいです」という保護者からのメッセージに。

STEP 11 3月、別れと巣立ちの季節。子どもも大人も…

あのっ、あやめ先生！
ん？
あやめ先生結婚しちゃうんですか？
ええ、そうなの♥
キャー♥♥
やっとつかまえたのよ、合コンで♥
やっぱり〜〜
……っていいたいところなんだけどね…
コレが…
ふ…
へっ？
…まさか
ドクン
一番頼りにしていた人がいなくなっちゃうなんてね…。
――葵先生、
いま受け持ってるクラスが進級するタイミングで花見保育園をやめるらしいわ。

もつ焼
おふく
超ショックだよ〜〜〜
なんにもいってくれないなんてさ〜〜。
残されたあたしらはどーなるっつーの！
クラスだってさくら組のままくり上がりなのに、葵先生がいなくなったら子どもたちがかわいそうだよ！
しかもさ、結婚が理由でやめちゃうなんて信じられない！
何それ!?
………
ムスー
——要するに、
「あたしは不安です、さみしいんです」ってことだよね。
…………！
ピク
いま、おまえが俺と会ってるみたいに、
葵先生にも先生じゃない時間があるってことじゃん。

おまえは葵先生の何を知ってるっていうの？
…〝葵先生じゃない時間〟
葵先生だけじゃない。
あやめ先生、小梅先生、桃江先生……
みんなエプロンをはずせば誰かの子どもだったり、彼女だったり、母親だったりする。
あたし、みんなのこと何も知らない…
おつかれー
あのっ!!
たっ、たまには、
みんなで腹わって晩ゴハンでも食べませんか!!
ギョッ
〜〜〜〜。
真剣
ニッ
みんなのことまっと知りたい。
かいゆうてい
1階
ワッハッハ

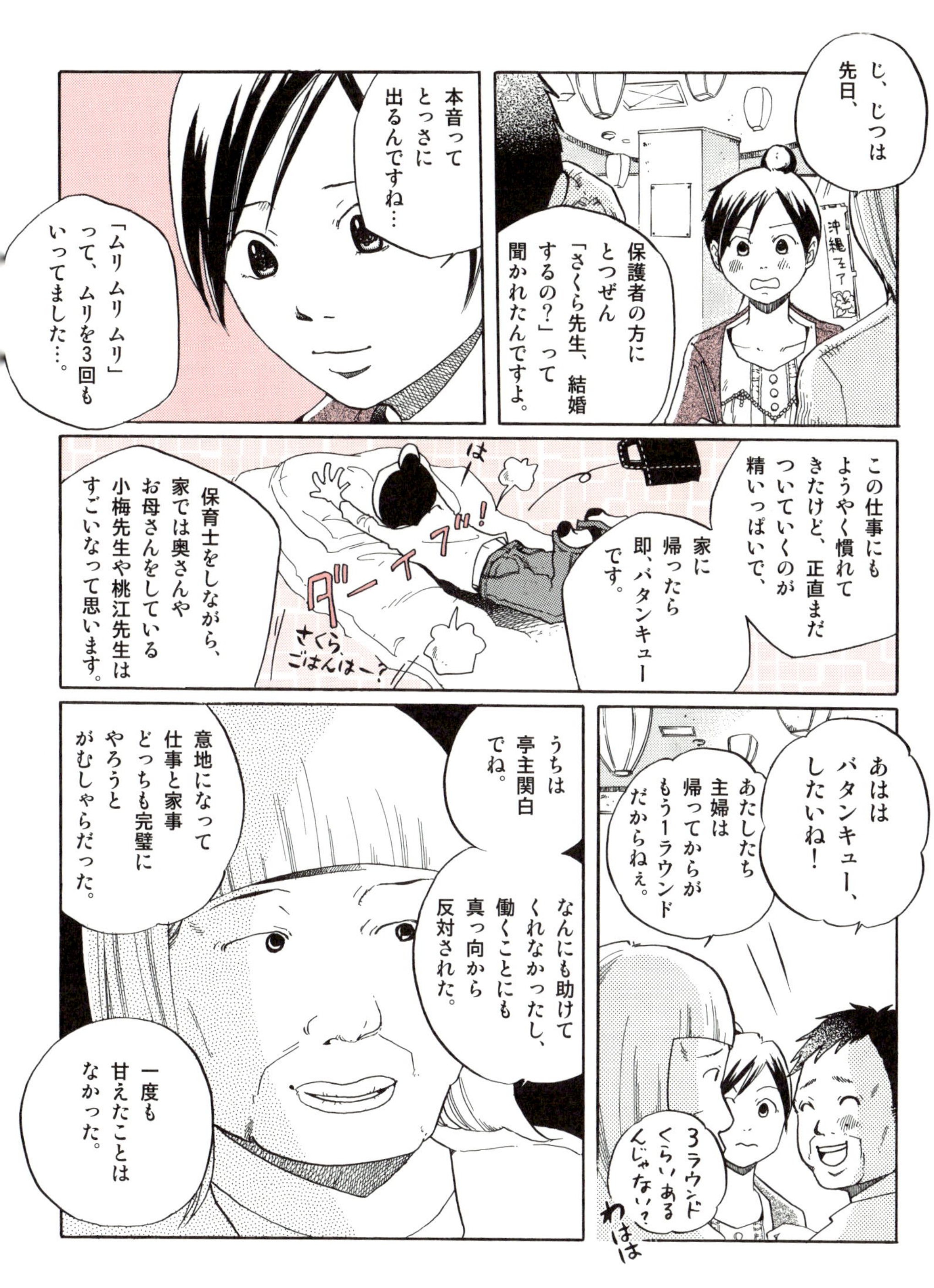
じ、じつは先日、
保護者の方にとつぜん「さくら先生、結婚するの?」って聞かれたんですよ。
沖縄フェア
本音ってとっさに出るんですね…
「ムリムリムリ」って、ムリを3回もいってました…。
この仕事にもようやく慣れてきたけど、正直まだついていくのが精いっぱいで、
家に帰ったら即、バタンキューです。
は―
ダーイブ!
さくらごはんは―?
保育士をしながら、家では奥さんやお母さんをしている小梅先生や桃江先生はすごいなって思います。
あははバタンキュー、したいね!
あたしたち主婦は帰ってからがもう1ラウンドだからねぇ。
3ラウンドくらいあるんじゃない!?
わはは
うちは亭主関白でね。
なんにも助けてくれなかったし、働くことにも真っ向から反対された。
意地になって仕事と家事どっちも完璧にやろうとがむしゃらだった。
一度も甘えたことはなかった。

「あたしは働くお母さんたちの味方だ」
そう思って誠心誠意やってきたつもりだけど、
自分に厳しかったぶんお母さんたちにも同僚にも口うるさくなっていたかもね…。
…つらかったのは、息子に、「ママ、よその子のところに行かないで!!」って泣かれたことかな。
中学入ったら今度はグレちゃってさ。…どこかさみしい思いをさせていたのかもしれないね。
だから、あたしには子どもが思うように育たないって悩むお母さんの気持ちは他人事じゃないんだ。
いつもいってるよ。「お母さんの気持ちが伝わるまで、10年、20年かかることもある」って。
息子、いま、看護学校の教員やってるよ。〝母さんの影響だ〟…って、ま、どこまで本気かわかんないけどさ。
あはは

たこわさ
主婦や子育ての経験が全部保育に活かせるわけじゃないけど…
それでもこの仕事は、子育てというブランクがあっても、マイナスにはならない仕事だってことは覚えといてちょうだい。
ぬた
…ああ、そうか…
いつも感じていた小梅先生と桃江先生の〝安定感〟。
「預けて安心」という保護者との信頼関係。
それは昨日今日のものじゃない。
女性としての葛藤《かっとう》も、人間らしい失敗も全部ひっくるめて、
ゆっくり丁寧に積み上げられてきたものなんだな…
生ビール
泡盛

……
さっきの話ですが……あたし、
保護者の方に葵先生と間違われちゃったみたいなんですよね。
………葵先生、
結婚して花見保育園をやめちゃうって本当ですか!?
………
ええ、事実よ。
彼の仕事の都合でカナダに行くの。
…どっ、
どうしてそんな大きな決断ができたんですか?
本当に納得してるんですか!?無理しているんじゃないですか?

はーー
はーー
彼が好きなの。
……そ
そ……、
えっ？
その言葉を聞いて
もう何にもいえなくなりました。
やっと納得できました。
引き留めることはできないんだって…。
こういうコだからあたしもいい出せなかったのよね……。
ゴメン
葵先生、

最後にひとつだけ、
お願いをいってもいいですか？
きっとさくら組の子どもたちもあたしと同じだと思うんです。
みんな葵先生が大好きです。
学年が上がるタイミングでそっといなくなるより、
子どもたちにちゃんとお別れの挨拶をしてあげてください。
はーい
すわってねー。
さくらぐみ
ギャーギャー
今日はみんなに聞いてほしいことがあります。
はーい
なになに～
ちらっ

先生は もうすぐ 結婚します。
結婚する人の おしごとのつごうで 園をやめないと いけなくなりました。
だからみんなとは この3月 いっぱいで……
なんで？
ざわ
あおい せんせい いなくなっ ちゃうの？
やだ
いかない で…
ガタ
…ごめん、
!!
葵先生 ………
あおい せんせー
しん

みんな、
葵先生に「いままでありがとう」っていう気持ちをこめてプレゼントつくろっか？
さんせ～～～
つくる
つくる
それを手に取るたび花見保育園のことを思い出してくれるように。
そしていつか
また、戻ってきてくれるように…。
カナダか～～～。
そっか
ガヤ
葵先生、彼のことが好きなんだってさ。
…それを聞いたら、あたしなんにもいえなくなっちゃった。
………
さくらは、

もし俺が、
カナダとはいわないまでも…
大阪にでも転勤になったらついて来てくれる？
ドクン
さくらせんせー
――なんてな。
そういうことが起きたらそのとき考えればいい。
俺が、
ふたりがずっといっしょにいられる方法を考えるから。
…え

ええ!?ー
コイツは…
ココロ広すぎない!?
サトシのキャラじゃないんだけど…!!
また本!?
ガタッ
ばか。
俺、最近ずっと考えたんだ。
くやしいけど同じ社会人1年目なのに、おまえのほうがずっと大人になってるなって。
きっと成長せざるを得ない環境で必死でがんばっているんだろうな。
保育士になってから、
さくらのこともっと好きになった。
…この一年、
行き詰まるたび、
サトシのひと言で自分を整理してきた気がする。
サトシ、これからも、
ずっといっしょにいようね。

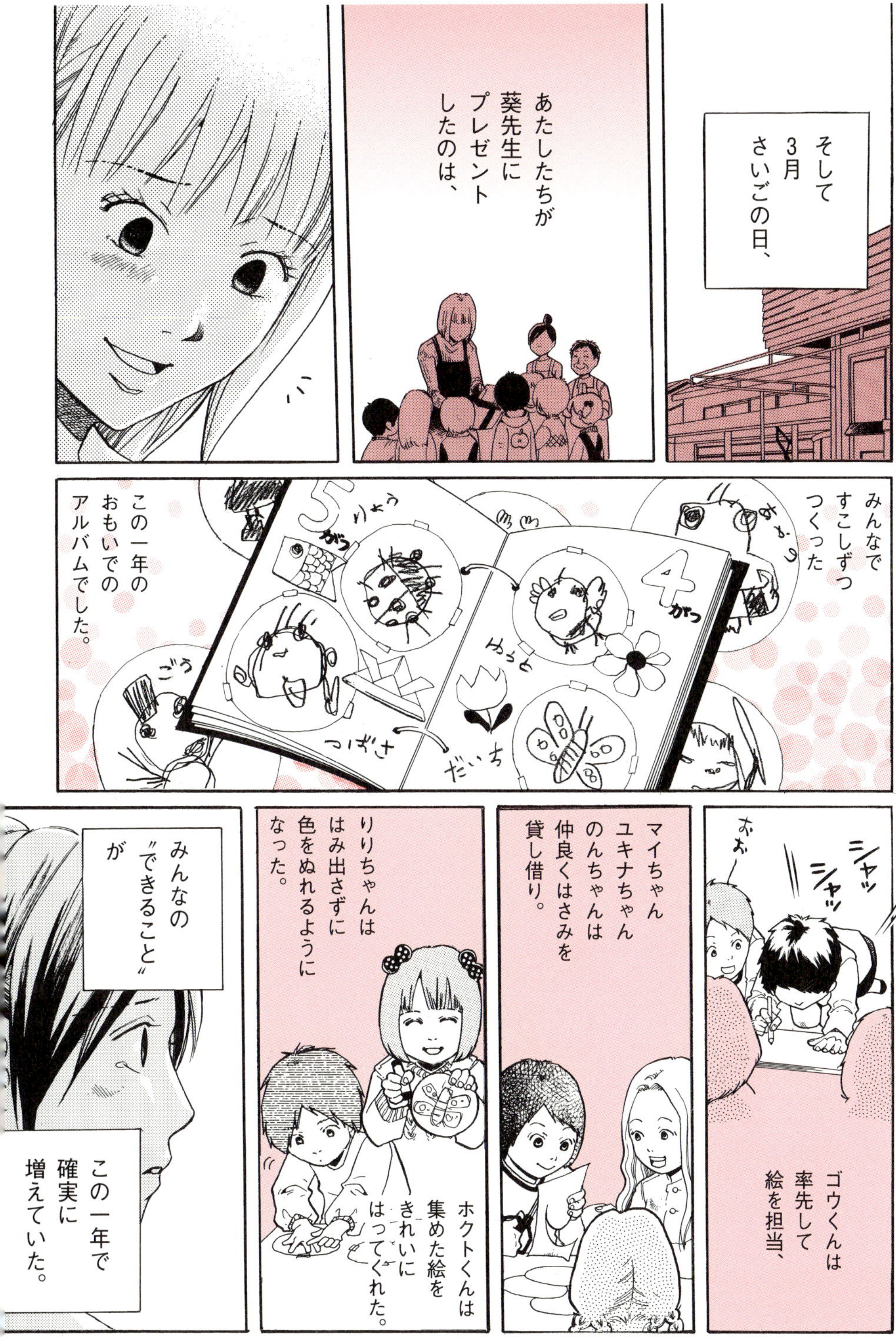

そして3月さいごの日、
あたしたちが葵先生にプレゼントしたのは、
みんなですこしずつつくった
この一年のおもいでのアルバムでした。
4がつ
5がつ
りょう
ゆうと
つばさ
だいち
ごう
おぉ
シャッ
シャッ
ゴウくんは率先して絵を担当、
マイちゃんユキナちゃんのんちゃん仲良くはさみを貸し借り。
りりちゃんははみ出さずに色をぬれるようになった。
ホクトくんは集めた絵をきれいにはってくれた。
みんなの〝できること〟が
この一年で確実に増えていた。

あ〜もうこれだから、保育者はやめられないわね！
!
うんうん
えっ
さくらぐみ
おもいで
葵先生……結婚してやめる…って、
だんなの転勤のせいで花見《ここ》をやめざるを得なくなったけど…
保育者をやめるとはひとっこともいってないわよ。
もちろん、カナダ《あっち》ですぐに保育をはじめるわけじゃないけどね。
これを機にちょっと本腰入れて子育て支援を勉強してこようと思ってる。
あっちは子育て先進国だからね。
……！
葵先生らしいや……！
いろんな形でつづけてゆける。
つづけたその先にきっと
自分の保育があると信じて…………
さくらせんせ〜

—おわり—

STEP 11

3月、
別れと巣立ちの季節。
子どもも大人も…

いつまで続ける？　どう働く？
職業人としての将来の展望を
あなたは思い描けますか？

この回で伝えたかったこと――

あるデータによると、新人として保育園・幼稚園に勤め始めた保育者が、10年以上継続して働いている割合は10%弱とのことです。この数字、多い？　少ない？　それとも想像通りの結果でしょうか？　仕事を続ける、続けないは、職場の環境（人間関係など）や、条件（給料、勤務時間など）がおおいに関係していると思います。さらに女性の場合は、結婚・妊娠・子育てが大きなターニングポイントになるでしょう。これは保育者に限らず、どの職場でも同じこと。

コミックの中で葵先生は結婚して園をやめていきますが、保育者という仕事を続ける決意は揺らいでいません。けっして楽な仕事ではありませんが、子どもの成長を援助し、見守ることの喜びはかけがえのないものです。最後にさくらも「続けた先に自分の保育があるはず」と、あらたに保育者という仕事への熱意を抱いていましたね。保育者をめざすみなさんも、いま一度、「保育者としてどう働くか」を考えてみてください。職業人として、一個人として、将来的な展望を描くことは、これからの生き方にプラスになることでしょう。

実習後のふりかえりのヒント！

- これから保育者になるあなたは、その仕事にどんな展望を抱いていますか？　それぞれの「保育観」「職業観」について考えてみましょう。
- STEP 11中の葵先生の決断から、どんなことを考えましたか？　また、自分ならどうするかを考えてみましょう。

新人保育者の本音 ＜体験談❻＞

うれしかった！ 感動した！
やっぱり保育は、やりがいがあります！

＊

保育という仕事は日々の積み重ねであり、喜びや感動はその先に待っています。そこに到達してはじめて、「やりがい」を見出せるものなのかもしれません。最後に、「感動した」「うれしかった」という声をご紹介します。

＊

3歳児がおもちゃの貸し借りでトラブルに。「これは使っちゃダメ!」と言い張るAくんに「みんなで使っていいものだから、貸してあげようね」といって、相手の子にそれを渡したら「先生なんか大キライ!」といわれ大ショック。頑固な子なので気持ちを受け止めながら対応するのは難しかったのですが、あとから「意地悪したかったんだ」と私と仲直りしてくれました。

そして今度は逆に、相手の子どもにおもちゃを借りに。「か〜し〜て」といったら、その子からは快く貸してもらえたんです。そのときのAくんの「貸してくれるの?」というような驚いた目が忘れられません。Aくんにとっては大きな発見であり、成長の瞬間だったと思います。翌日からは「友だちには貸してあげるんだよね!」と快く貸している姿が見られ、うれしくてたまりませんでした。

少し言葉が遅れている子が、お昼を食べているときに突然「先生、好き〜」と笑顔でいってくれました。突然のことで驚いていると、まわりの子どもたちも次々に「私も先生好き〜」といい始め、合唱のように。胸がいっぱいになりました。

そして先輩保育者から…

“新人保育者”を卒業すると、「やりがい」もより大きなものに！

1年目は組んでいた先輩と考え方が合わず、自信をなくしたり、苦痛に感じることも。けれども、2年目にはクラス担任のリーダーとなり、自分で保育を組み立てられるようになると、仕事の楽しさがわかってきました。

行事の準備などで夜遅くなることも多く、体力的につらいこともありますが、子どもが喜んでいる姿を見ると報われます。行事でマジックを見せたりすると、子どもたちがマネをしたり、別の遊びに発展させたり。こちらから何かを投げかけると、それが子どものなかでどんどん育っていく。これは、日々のやりがいにつながります。また、去年担当した乳児が少し成長して、「○○せんせい」と声をかけてくれるのもうれしいこと。続けていてよかったと思う瞬間です。（保育園勤務2年目）

まとめにかえて

監修　百瀬ユカリ

保育者成長コミック『さくら』は、私が保育者として勤めていた、おもに新人時代の実話をもとに、漫画家の村上かつらさんが丁寧に現場の声を拾いあげ、ひとつのストーリーに仕上げてくださったものです。これから保育者をめざすみなさんに、ざまざまなテーマで考えたり話し合ったりするためのヒントとして、お役に立てるようにまとめさせていただきました。

私自身、思い描いていた「せんせい」像と現実の仕事内容とでは、大きくかけ離れていました。大変だったことも数多くあり、そして、その一方で想像もつかないほどの感動を子どもからもらったのです。ついついがんばりすぎて失敗したこと、子どもから気づかされたこと、保育者としての生き方など、お伝えしたいことはたくさんあります。

最初に話したように、保育の仕事は奥が深いのです。子どもの今を理解し、ちょっと前の過去とちょっと先の未来を考えながら保育を展開していきます。子どもの安全のための努力や、安心して過ごす（遊ぶ・生活する）ための環境構成を行うと同時に、自身も「人的環境」として子どもにおおいに影響を与える立場にあります。そんなやりがいのある保育の仕事、あなたなりに『さくら』から感じていただけたでしょうか？

すでに実習に行った人は、現場で「せんせい」と呼ばれて感動したことでしょう。しかし、現実はそればかりではありません。大きな壁もあるでしょう。そしてその分、大きな喜びや感動も待っています。保育者としての第一歩を踏み出したなら、どうかくじけずに経験を重ねてほしいと思います。

そして、もしあなたがすでに保育者なら…。疲れたときや迷ったときには『さくら』のエピソードを思い出してください。子どもたちの笑顔は、保育者としてのあなたの笑顔から生まれます。だれでも最初は初心者です。日本中の“さくら”に幸多かれ…と心からエールを送りたいと思います。

村上かつら

漫画家。1997年『はるの／よるの／ようだ』が「第71回スピリッツ賞」で準スピリッツ賞を受賞し、デビュー。代表作に『サユリ１号(全５巻)』、『ラッキー　Are you LUCKY?』(ともにビッグコミックス／小学館)など。最新作は、十代の少女たちの心の機微を描いた『淀川ベルトコンベア・ガール』(「月刊！スピリッツ」／小学館)。

百瀬ユカリ

日本女子体育大学体育学部子ども運動学科教授。博士（社会福祉学）。専門は保育学、幼児教育、保育者養成。著書に『よくわかる保育所実習【第六版】』(創成社)、監修に『試してみたくなる「となりの園」の工夫とアイテム　保育室にはアイデアがいっぱい』（小学館）などがある。

◆このコミックは小社保育誌「Latta」にて連載（2008年４月～2009年３月号）したものに、一部加筆・修正してまとめたものです。

―保育の仕事がマンガでわかる―
新人保育者物語　さくら

2011年８月６日　初版第１刷発行
2023年11月27日　第３刷発行

著　者　村上かつら
　　　　百瀬ユカリ
発行者　北川吉隆
発行所　株式会社 小学館
　　　　〒101-8001 東京都千代田区一ツ橋2-3-1
電　話　(編集)03-3230-5686（販売)03-5281-3555
印刷所　三晃印刷株式会社
製本所　株式会社若林製本工場

本文およびカバーデザイン　中島由希子
編　集　鍔本理恵、木村里恵子、宮川 勉（小学館）
校　正　松井正宏

 ISBN 978-4-09-840125-3